Otto Riemer

Das französische Congogebiet

DOGMA

Otto Riemer

Das französische Congogebiet

ISBN/EAN: 9783955801625

Auflage: 1

Erscheinungsjahr: 2013

Erscheinungsort: Bremen, Deutschland

Das französische Congogebiet

(Le Congo français).

(Entwicklungsgeschichte, Physiographie, Flora, Fauna,
Ethnographie, Organisation, Finanzen,
Handel und Verkehr).

Otto Riemer.

1909.

J. W. Spaarmann · Mörs.

Entwicklungsgeschichte.

Bis um die Mitte des vorigen Jahrhunderts konnte Afrika
mit vollem Recht der schwarze Erdteil genannt werden sowohl
hinsichtlich der dunklen Hautfarbe seiner Bewohner als auch
wegen der geringen Kenntnis, die man vom tropischen Innern·
dieses geschlossenen Erdteils hatte. Im Altertum bildete das Sand-
meer der Sahara für die Kulturvölker der Mittelmeerregion eine
unüberwindliche Schranke und liess nur unklare Nachrichten über
Aethiopien zu ihnen gelangen. Auch das Mittelalter änderte darin
nicht viel. Zwar wurden nach dem Jahre 1415 von kühnen
portugiesischen Seeleuten Fahrten längs der Westküste Afrikas
unternommen, aber sie galten weniger einer planvollen Anlage von
Kolonien als der Entdeckung eines Seeweges nach Ostindien und
führten nur zu einer oberflächlichen Erkenntnis der Küsten. Als
dieser endlich von Vasco de Gama 1497—98 gefunden worden
war, wurden die asiatischen Küsten des Indischen Oceans die
Hauptziele der weiteren lusitanischen Unternehmungen. Abgesehen
von der Küste Oberguineas, deren Produkte von dem Jahre 1471,
der Zeit ihrer Entdeckung ab, den Portugiesen reichen Gewinn
brachten, zog kein anderer Teil des afrikanischen Gestades die
Seeleute an. Alles Interesse war auf Indien und den neuen Erdteil gerichtet, und man vergass Afrika, welches man nur betrat,
um sich das nötige Sclavenmaterial für das in rascher Entwicklung begriffene Amerika zu verschaffen. Nur Sclavenhändler
drangen durch den unwegsamen Urwald in das Innere Afrikas
ein. Hier und da entstanden wohl auch längs der afrikanischen
Küsten vereinzelte Kolonien, die sich aber meist nur auf einen
schmalen Küstenstreifen beschränkten. Zuweilen versuchten auch
Missionare das Christentum unter den Negern des schwarzen
Erdteils zu verbreiten. Ihnen verdanken wir die geringe Erwei-
terung in der Erkenntnis des afrikanischen Continentes im Verlauf
langer Jahrzehnte. Missionare entdeckten die Quellen des blauen
Nils. Doch erst der neusten Zeit blieb es vorbehalten, Licht in
diese Finsternis zu bringen, Klarheit über Afrika zu schaffen.
Erst dann begann die planmässige Erforschung, als neben den
auf Abenteuern und rein kommerzielle Vorteile gerichteten Unter-

nehmungen das wissenschaftliche Interesse an Afrika zur Geltung kam. Gegen Ende des XVIII. Jahrhunderts trat man an die Lösung dieser schwierigen Aufgabe heran. Seit jener Zeit zog eine Expedition nach der andern hinaus zur Erschliessung des dunklen Erdteils, die sich aufs engste an die Lösung der grossen hydrographischen Probleme anschloss. Die erste Hälfte des XIX. Jahrhunderts brachte die richtige Erkenntnis über den Verlauf des Niger; in der zweiten gelang es, die Frage der Nilquellen zu lösen und den Lauf des Sambesi ebenso wie den des Congo zu erforschen.

Das XIX. Jahrhundert ist von vielen nicht ganz mit Unrecht das Jahrhundert der kolonialen Bewegung genannt worden. Denn in dem letzten Saeculum haben sich die europäischen Kulturmächte gewissermassen in das noch freie Gebiet des vornehmlich tropischen Afrika geteilt. Seitdem bemerken wir einen Wettbewerb in dem Bestreben, die ihnen zugefallenen Gebiete zu erforschen, um sie wirtschaftlich besser verwerten zu können. Im Vordergrunde dieser Unternehmungen stehen England, Frankreich, Belgien und Deutschland. Frankreich hat zu seinen älteren afrikanischen Besitzungen, Senegambien und Algerien, im Norden des Congo unter dem Namen »Congo français« ein Gebiet erworben, das ein Areal von etwa 1 800 000 qkm mit circa 10—15 Millionen Einwohnern hat. [1]) Im Westen grenzt das gewaltige Gebiet an den Atlantischen Ocean, Spanisch Guinea und Kamerun, im Norden an die Sahara, im Osten an den ägyptischen Sudan und im Südosten und Süden an den Congostaat und Portugiesisch-Cabinda. [2])

Schon in den 40er Jahren des XIX. Jahrhunderts waren die Franzosen in Beziehung zu den Eingeborenen im Norden der Congomündung getreten. Der Kapitän zur See Fouet Willaumez war beauftragt worden, mit den Negerstämmen am Gabun Verhandlungen anzuknüpfen, um dort einen Stützpunkt zur Verhinderung des Sklavenhandels zu finden. Wirklich gelang es ihm, durch Verträge mit zwei Negerhäuptlingen der französischen Regierung das Gebiet am Gabunaestuarium zu sichern. Der Negerhäuptling Denis trat am 9. II. 1839 die linke Seite, ein andrer, Louis, am 18. III. 1841 die rechte Seite des Gabun ab. Ein Jahr später — 1842 — nahm eine Compagnie Soldaten am Gabun Standquartier, und die Trikolore wurde gehisst. Damis war die offizielle Besitzergreifung vollzogen. Wenige Jahre nur dauerte es, bis diese französische Niederlassung ihr heutiger

---

1) Die Schätzungen der Grösse sowohl als auch der Bewohnerzahl der Colonie gehen sehr auseinander.

2) Die Grenzen der französischen Congo-Colonie sind in der Entwickelungsgeschichte näher behandelt.

Gepräge erhielt. Befreite Sclaven der »Elizia« halfen im Jahre 1849 die schon am Gabun befindlichen Magazine ausbauen und vergrössern und siedelten sich gleichzeitig an. Die dadurch bedeutend vergrösserte Militärstation erhielt nun den Namen Libreville. Gleich im folgenden Jahre — 1850 — machte sich der erste Forschungsreisende du Chaillu zum Zug ins Innere auf. Auf seiner 1. Reise — 1850 — zog er von Libreville nordwärts zum Rio Muni. überstieg die Monts Cristal, passierte einige Nebenflüsse des Ogowe und trat zum ersten Male als Weisser mit den Pahuins in Verbindung. Seine 2. Reise — 1856 — führte du Chaillu zu den Chekiani im Süden vom Gabun. Sie ist besonders dadurch denkwürdig geworden, dass er auf ihr den Gorilla, den menschenähnlichsten Affen, entdeckte. Die 3. Reise nahm ihren Ausgang vom Fernan Vaz. Von dort aus zog du Chaillu im Jahre 1858 durch das malerische Tal des Rhamboe aufwärts zum Nguni (frz. Ngouni) und gelangte, nachdem er dem Lauf dieses Flusses nach Norden gefolgt, als erster Europäer zum Ogowe. Auch die 4. Reise galt dem Ogowe. 1865 brach du Chaillu wieder vom Fernan-Vaz auf und kam auf seinem Marsche quer durch das Hinterland in die Gegend des heutigen Françeville. Leider musste er dort wegen der Feindseligkeit der Eingeborenen schleunigst umkehren. Zur selben Zeit wie du Chaillu drangen auch andre Forscher in das Innere der so wenig bekannten äquatorialen Gebiete nördlich des Congo vor. 1862 waren Griffon du Bellay und der Marineleutnant Serval zum Lac Sonange (franz. Zonangue) gelangt und hatten auf dem Rückwege die Unterarme des Ogowe untersucht. Kaum zurückgekehrt, brachen sie noch im selben Jahre von neuem auf und zogen vom Fernan-Vaz das Rhamboetal aufwärts zum Ogowe. Sie erblickten ihn bei Lambarene. Auch einen neuen politischen Erfolg brachte diese Zeit, die Erwerbung des Gebiets zwischen Ogowe und Gabun von den Häuptlingen am Cap Lopez durch den Contreadmiral Didelot. Dies regte natürlich zu neuen Unternehmungen an, namentlich zur Erforschung des Ogowebeckens. So fuhr denn im Jahre 1867 der Marineleutnant Aymés auf dem Kanonenboot »Pionier« zum ersten Male den Ogowe aufwärts bis Lambarene. Dort musste er allerdings die Fahrt wegen zu niedrigen Wasserstandes aufgeben; doch glückte es ihm, mit dem Häuptling der Inenga, Renoqué, günstige Verträge abzuschliessen. Der für die Franzosen unglückliche Krieg von 1870/71 brachte eine rückläufige Bewegung in die bis dahin eifrig betriebenen Forschungen in Aequatorialafrika; doch nur für kurze Zeit. Denn schon das Jahr 1872 führte neue Forscher in diese tropischen Gebiete. 1872 rüsteten Marche und Compiègne eine Expedition zur Auffindung Livingstone's aus, über

den beunruhigende Nachrichten in Europa eingelaufen waren.
Sie zogen den Ogowe aufwärts in dem Glauben, durch diesen
Flusslauf eine Verbindung zu den grossen Seen des ostafrikanischen
Grabens herstellen zu können. Zuerst gings stromaufwärts bis
Lopé in dem Gebiet der Okanda. Mit vieler Mühe bewältigte
man die Stromschnellen von Bowe, die kurz vor der Ivindomündung den Lauf des Ogowe sperren. Als man letztere glücklich erreicht hatte, traten die Ossyeba (ein Fanstamm) hemmend
in den Weg, sodass sich die beiden Reisenden wohl oder übel
zur Rückkehr nach Libreville entschliessen mussten. War somit
das Ziel ihrer Reise auch nicht erreicht worden, so waren die
Mühen keineswegs vergeblich gewesen. Sie hatten kostbares
Material gesammelt auf ihrem Wege 460 km Ogowe aufwärts,
das manchem Nachfolger wichtige Dienste zu leisten bestimmt war.

An dieser Stelle soll nicht vergessen werden, die gleichzeitigen Reisen deutscher Forscher in jene Gebiete zu erwähnen.
Zwischen Ogowe und Congo lagen die Stationen der »Afrikanischen
Gesellschaft«, die 1873 auf Veranlassung der »Berliner Gesellschaft für Erdkunde«[1]) gegründet worden war. Dies zog eine
Reihe von deutschen Forschern in jene tropischen Gebiete West-
afrikas. Männer wie Falkenstein, Dr. Lenz, Pechuel-Loesche
nahmen an der ersten Erschliessung des schwer zugänglichen
Landes im Norden des Congo teil. Die Franzosen verdanken
ihren Forschungen — 1873—74 — die Kenntnis des Nyanga
und des unteren Kuilu. Dr. Lenz erforschte allein den Muni
und Otemboni und verfolgte darauf nach kurzem Aufenthalt am
Gabun den Lauf des Ogowe bis Lope. Er blieb dort ein volles
Jahr. War auch der Erfolg dieser deutschen Expeditionen
weniger glänzend als diejenigen eines Brazza, — Trägermangel
und dichter Urwald setzten den Reisen unserer Landsleute ein
vorzeitiges Ziel — so sind doch die Namen dieser verdienstvollen
deutschen Afrikaforscher auf's engste verbunden mit der Geschichte
des französischen Congogebietes und werden stets in diesem Zusammenhang genannt werden.

Im Jahre 1874 wandte sich Leutnant Graf Pierre Savorgnan de Brazza[2]), Italiener von Geburt, Franzose nach Erziehung
und Stellung, mit einer Denkschrift an die französische Regierung,
worin er die Zweckmässigkeit einer planmässigen Erforschung des
Ogowe, überhaupt des Gebietes nördlich vom Congo, auseinander-
setzte und bat, ihn mit dieser schwierigen Aufgabe zu betrauen.

---

1) Sie stand damals unter der Leitung Bastians.
2) Pierre Savorgnan de Brazza, comte, geb. 26. I. 1852 auf der Rhéde von Rio de
Janeiro, stammte aus altem italienischen Adelsgeschlecht. Er wurde im Jesuitenkolleg zu
Paris erzogen und trat 1870 in die französische Marineschule zu Brest ein. Auf dem
Schulschiff „Venus" machte er als Fähnrich zur See Reisen an der Küste Amerikas, Sene-
gambiens und Gabun 1872; gestorben 1905. (Cf. Neuville et Bréard: Les voyages de
Savorgnan de Brazza, Paris, 1881).

Die Regierung gewährte ihm die Mittel zur Ausrüstung einer Expedition, die noch durch einen Zuschuss seitens der »Société de Géographie« und aus eigenn Mitteln vermehrt wurden.

I. Reise 1875—78. Die Abreise erfolgte am 1. September 1875 in Toulon. Es nahmen ausser de Brazza daran teil: Dr. Ballay, Marche und Quartiermeister Hamon von der »Venus«[3] In Lambarene wurden 10 Boote beladen, und nun gings mit ihnen den Ogowe aufwärts bis Lopé (19. II. 76), wo früher Marche und Compiègne wegen der feindseligen Haltung der Ossyeba hatten umkehren müssen. Als jedoch die Eingeborenen die friedliche Absicht Brazzas sahen, gestatteten sie die Fortsetzung der Reise durch ihr Gebiet; dann schlug man den Weg durch das Land der Adaumas ein bis Dume (frz Doumé). Marche musste von hier aus wegen seines geschwächten Gesundheitszustandes zurückkehren, während die andern — krank und ermattet gleich ihrem Führer — weiterzogen. Bald jedoch stellten sich Hindernisse in den Weg. Weil man sich nun auch in der Hoffnung getäuscht sah, eine direkte Wasserstrasse zum Nil oder zu den östlichen Seen zu finden, so setzte man unter ungeheuren Leiden und Anstrengungen den Weg zu Lande den Passa aufwärts fort. Endlich wurde das Ogowebecken verlassen, und man gelangte in den Bereich des Congo, in das Land der Bateke am oberen Alima. Dort traten die Eingeborenen Brazza anfangs mit grossem Misstrauen entgegen, weil sie in ihm und seinen Leuten Verbündete ihrer Feinde, der Bafuru (frz. Bafourou), vermuteten. Angesichts des friedlichen, aber bestimmten Auftretens de Brazza's änderten sie ihr Benehmen völlig. Von hier aus fuhr der Forscher auf 8 Booten Alima abwärts trotz der Warnungen der Bateke vor den am mittleren und unteren Alima wohnenden Bafuru. Kaum hatten diese von dem Herannahen der kleinen Flottille Nachricht erhalten, als sie auch schon mit 40 Kriegskanoes die Schiffahrt zu sperren versuchten; aber ein Schnellfeuer von wenigen Minuten genügte, sie zu vertreiben. Da nun die Munition auszugehen drohte, und somit ein weiteres Zusammentreffen bedenklich werden konnte, so zog Brazza es vor, wieder zu den Bateke zurückzukehren, die den Besieger ihrer Feinde mit grossem Respekt aufnahmen. Von dort aus schickte Brazza den grössten Teil der Expedition, die durch Krankheiten und Hunger furchtbar gelitten hatte, — die Verpflegung wurde immer schwieriger, und die Leute liefen allmählich auf blossen Füssen — zurück, während er selbst mit nur 10 Trägern und 6 Mann Eskorte rastlos weiter vordrang bis zum Likona und Lebai-Ngoko (Zufluss des Likuala) und diese Flussgebiete erforschte. Aber bald musste auch er den Rückweg antreten, wenn er sein

1) cf. vorige Anmerkung.

Leben nicht unnötig opfern wollte. Und so kehrte er denn etwa
3 Jahre nach seiner Ahfahrt von Toulon — am 16. August 1878
— krank und gänzlich abgemattet nach Libreville zurück. —
Grosses war dem unermüdlichen Forscher gelungen. War doch
endlich der Nachweis gebracht, dass der Ogowe keinen Zugang
zu den Seen des Ostens bildete, sondern seine Quelle im Süden
unter etwa 3° habe. Ebenso war Brazza die Kenntnis der rechten
Congozuflüsse, des Alima, Likona und Lebai-Ngoko zu danken,
wie auch zuverlässiger Bericht über Land und Leute in den von
ihm bereisten Gegenden.

II. Reise 1879—80. Brazza war noch nicht lange von
der 1. Reise nach Frankreich zurückgekehrt, als ihn die Regierung mit einer neuen Expedition beauftragte. Diesmal galt es,
eine Verbindung des Congo mit dem Meere über Alima und
Ogowe herzustellen, da der Unterlauf des Congo durch Stromschnellen für die Schiffahrt gesperrt ist. Wieder wurde der Ogowe
als Reiseroute benutzt, dem Brazza bis zur Mündung seines Neben-
flusses Passa folgte. Hier gründete Brazza im Juni 1880 die
Stadt Franceville. Sodann zog er weiter zum Quellgebiet des
Passa, überschritt die Wasserscheide zwischen Ogowe- und Congobecken, das Plateau von Aschicuya, und gelangte zum Lefini, wo
er zum ersten Male den Namen Makokos, des einflussreichsten
Häuptlings in diesen Gegenden, nennen hörte. Zu diesem wandte
sich Brazza nun, und es gelang ihm mit verschiedenen Häuptlingen, vor allem mit Makoko selbst Freundschaft und bedeutungs-
volle Verträge zu schliessen. Makoko schenkte ihm, bezw. der
französischen Regierung, ein weites Gebiet zu beiden Seiten des
Stanley-Pool und stellte gleichzeitig sein Land unter französisches
Protektorat. Nach 25tägigem Aufenthalt als Gast Makoko's zog
Brazza zum Congo hinab und gründete am 1. Oktober 1880
Brazzaville am Stanley-Pool auf dem rechten Congoufer. Stanley
hat von dieser Gründung gesagt, es sei ein Geniestreich Brazza's
gewesen, an dieser Stelle eine Station zu errichten. Denn in
der Tat befindet sich dort der Schlüssel zum Congo, aber nicht
wie man in Frankreich meinte, vermittelst des Alima und Ogowe[1]),
sondern westlich durch das Tal des Ndono, eines Niarizuflusses,
wie man Brazza erzählte. Der Forscher glaubte zwar nicht
anders, als dass der Niari in einen andern zum Meere fliessenden Strom mündete, dachte dabei aber nicht an den Kuilu.
Trotzdem machte er sich im Januar 1882 von Franceville auf
und erforschte den Lauf des Niari talwärts, bis er gewahr wurde,
dass der Niari seinen Namen mit dem des Kuili vertauscht. Da-

---

1) Die Verbindung über Alima und Ogowe ist sehr lang und beschwerlich, sodass
sich Brazza wenig Gutes von ihr versprach.

mit war die Frage gelöst und die Zugangsstrasse zum Congo gefunden.

III. Reise 1883—85. Zum dritten Male verliess de Brazza Frankreich am 21. März 1883 und konnte am 1. Mai an der Spitze einer wohlausgerüsteten Expedition ins Innere aufbrechen. Die alten Stationen längs des Ogowe und Alima wurden aufgesucht und neue gegründet. Ein zweiter Besuch bei Makoko erneuerte die alten Verträge und die freundschaftlichen Beziehungen. Kurz — überall wurde das Ansehen Frankreichs verbreitet und befestigt. Das war aber auch nötig. Denn Stanley, der auch von einem Wasserwege von Loango zum Pool durch das Tal des Kuilu-Niari erfahren, hatte die Abwesenheit de Brazza's [1]) zur Gründung einer ganzen Kette von Niederlassungen längs des Niari-Kuilu benutzt. Diese Gründungen wurden allerdings dadurch illusorisch, dass Brazza gleichzeitig mit dem Gebiet nördlich vom Congo bei Brazzaville auch das Land südlich des Stanley-Pool von Makoko vertragsmässig zum Geschenk erhalten hatte, das mit aller Zähigkeit von dem französischen Sergeanten Malamine während der Abwesenheit Brazza's behauptet worden war. Auf diese Weise hatte Frankreich ein Tauschobjekt in der Hand für die Stationen der »Association internationale du Congo«[2]), die ohne den Besitz im Süden des »Pool« für letztere wertlos waren.

Allmählich war eine endgültige Abgrenzung der einzelnen Interessensphären auf dem centralafrikanischen Boden ein dringendes Bedürfnis geworden, dem man denn auch auf der »Berliner Konferenz« im Jahre 1884—85 entsprach, nachdem schon vor der Eröffnung zwischen den beteiligten Mächten, dem König der Belgier, Leopold II., als Vertreter der „A. J. C.", Frankreich, England, Deutschland, Portugal und Spanien, diplomatische Verhandlungen gepflogen worden waren. Portugal hätte beinahe die Existenz des »A. I. C.« in Frage gestellt, da es kraft seiner historischen Anrechte das Mündungsgebiet des Congo von 5° 12′ S. bis 8° S. für sich beanspruchte und England für seine Ansprüche zu interessieren verstanden hatte. Es schloss mit Grossbritannien einen Vertrag am 26. II. 1884, in dem dieses die Souveränität Portugals in jenen Gebieten anerkannte. Die dadurch auf's äusserste bedrängte »A. I. C.«[3]) wandte sich in ihrer Not an Frankreich und erlangte von diesem die Anerkennung ihres Besitzes gegen Einräumung des Vorkaufsrechts im Falle einer

---

1) de Brazza war gerade nach seiner 2. Reise nach Frankreich zurückgekehrt.
2) Wie bekannt ist die „A. I. C." — Abkürzung aus „Association internationale du Congo" — hervorgegangen aus dem ,Comité d'études du haut Congo', dessen Gründer und Protektor Leopold II. von Belgien war.
3) Sie wäre durch diesen Vertrag vom Atlantischen Ocean abgeschnitten gewesen.

Veräusserung. Gleichfalls warf sich auch Bismarck als Vertreter der deutschen Regierung zum Verteidiger der »A. I. C.« auf und protestierte im Namen Deutschlands gegen das englisch-portugiesische Abkommen in London und Lissabon. Dies hatte eine offizielle Mitteilung des englischen Ministers der auswärtigen Angelegenheiten zur Folge, am 26. VI. 84, wonach England auf eine Ratifizierung des englisch-portugiesischen Vertrags durch die Königin verzichtete. Gleichzeitig lud Bismarck die beteiligten Regierungen zur Erledigung der afrikanischen Angelegenheiten nach Berlin ein. Die Vertreter von 14 Mächten traten am 25. XI. 1884 in Berlin zusammen. In der Schlussakte vom 25. II. 1885 wurde die »A. I. C.« als souveräne Macht, »Congo français« als französische Colonie anerkannt. Portugal musste auf den alleinigen Besitz der Congomündung verzichten und rettete nur ein kleines Gebiet im Norden des Congo. Immerhin blieb ihm im Süden des Congo das gewaltige Gebiet von Angola, welches in einer Länge von mehr als 100 km das linke Congoufer begleitet. Zugleich erklärte die Schlussakte das Congobecken als Freihandelsgebiet.

Die Berliner Conferenz ist das erste Glied einer langen Kette diplomatischer Verhandlungen, welche die Entwicklung der jungen französischen Kolonie begleiten und teils fördernd, teils hemmend wirken, wie wir im Laufe der Entwicklungsgeschichte des »französischen Congogebietes« sehen werden. Schon während der Verhandlungen in Berlin hatte Frankreich die Notwendigkeit erkannt, sich mit der »A. I. C« wegen der Abgrenzung der beiderseitigen Interessensphären auseinanderzusetzen. Die französische Regierung knüpfte also Verhandlungen an. Das Ergebnis war der Vertrag vom 5. II. 1885.

Die »A. I. C.« trat an Frankreich die von ihr im Kuilu-Niari-Gebiet begründeten Stationen gegen den französischen Besitz im Süden des Stanley-Pool ab. Der Oberlauf des Schiloango sollte die Südgrenze des »Congo français« gegen die Besitzungen der »A. I. C.« bilden bis zu seiner Quelle, von dort die Wasserscheide zwischen Kuilu-Niari und Congo bis etwa 14° 20′ O. Greenwich [1]). Hier sollte die Grenze nach Süden umbiegen und den Congo bei Manyanga erreichen. Der Congo ist alsdann die natürliche Grenze bis zu einer Stelle oberhalb der Mündung des Likona-Nkundja in den Congo; die Ostgrenze würde der 17° O. darstellen, jedoch so, dass das Likona-Nkundjabecken in das französische Gebiet hineinfiele.

Dieser Vertrag war unhaltbar, da er auf falschen Voraussetzungen aufgebaut war. Denn erstens setzte man den Likona-

[1] Die geographischen Positionen werden überall nach Greenwich orientiert.

Nkundja dem Ubangi gleich, — wie es damals allgemein geschah —, und dann glaubte man, der Likona-Ubangi habe seinen Ursprung im Norden und nicht, wie spätere Erforschungen ergaben, im Osten. Charakteristisch für diese Auffassung ist die Tatsache, dass man durchaus nicht zögerte, die Ubangi-Mündung unter 0° 6' 29'' S. und 17° 35' O. als östlichsten Grenzpunkt anzunehmen. Als man nun bei näherer Erforschung den wahren Sachverhalt erkannte, war es natürlich unmöglich, die angenommene Grenze mit der Lage des 17. Meridians in Einklang zu bringen. Eine Expedition unter Dr. Balley, Rouvier und Pleigneur klärte den wirklichen Sachverhalt auf. Diese Männer waren von der französischen Regierung geschickt worden, um die früheren Stationen der »A. I. C.« [1] am Kuilu-Niari zu übernehmen und gleichzeitig die Südgrenze der Colonie festzulegen. Die Ausreise aus Frankreich ging im Juni 1885 vonstatten. Die Reisenden gelangten nach glücklicher Landung in Loango durch das Kuilu-Niarital zum Congo und weiterhin zum Ubangi. — Als man infolge der Vermessung, die diese Männer in Gemeinschaft von Delegierten des Congostaates vornahmen, die Unzulänglichkeit des Vertrages von 5. II. 1885 einsahen, kam es zu neuen Verhandlungen zwischen beiden Regierungen. Nach langem Hin- und Herstreiten wurde am 29. IV. 1887 ein neues Abkommen vereinbart, nach dem der Ubangi in Zukunft die beiderseitigen Machtgebiete scheiden sollte bis zum 4° N. Um aber weitere Streitigkeiten zu vermeiden, sollte der 4° N. die Grenze zwischen Französisch-Congo und Congostaat nach Osten bilden ganz ohne Rücksicht darauf, ob mit dieser Massnahme das östliche Ubangibecken ganz in die französische Kolonie hineinfiele oder nicht. Gleichzeitig besagte ein Artikel, dass Frankreich sein Vorkaufsrecht im Falle einer Uebergabe des Congostaats an Belgien nicht ausüben wolle. Die Frage wurde wieder erörtert, als der Souverän des Congostaates, Leopold II., König der Belgier, das Projekt einer Schenkung des Congostaats an Belgien im Jahre 1895 ausarbeiten liess. Die im Anschluss daran zwischen den beiderseitigen Kabinetten gepflogenen Verhandlungen hatten das Ergebnis — Vertrag vom 5. II. 1895 — dass, falls ein Stück oder der ganze Congostaat an eine fremde Macht, ausgenommen an Belgien, veräussert werden sollte, Frankreich in jedem Falle das Vorkaufsrecht habe. Dieser selbe Vertrag sprach Frankreich die Insel Bamu im Stanley-Pool zu mit der Klausel, es dürfe keine strategische Position auf ihr geschaffen werden. — Die mit dem Congostaate abgeschlossenen Grenzverträge hatten natürlich eine

---

1) Seit der Berliner Konferenz ist die offizielle Bezeichnung „Etat indépendant du Congo".

gründliche Erforschung des Ubangibeckens zur Folge. Im Jahre
1890 fuhr Ponel den Ubangi aufwärts, umging die Stromschnellen
von Bangi, errichtete unter 4° 20' N. eine Station und gelangte
weiterhin zur Mündung des Kuango in den Ubangi bei 19° 50'
O. Er lieferte die erste Aufnahme des Ubangi bis zum Kuango.
Gaillard [1]) setzte nach seiner Rückkehr vom oberen Sanga diese
Forschungen Ponel's fort. Seine Reiseroute führte ihn über den
Kuango hinaus bis zum Zusammenfluss der beiden Quellenarme
des Ubangi, des Mbomu und Uëlle. An dieser Stelle legte er
eine Station Abiras an, nachdem er schon vorher an der Mündung des Bangi in den Ubangi Mobaye gegründet hatte. Gail-
lards Expedition begleiteten Husson, Blom, de Mascadron und
de Poumayriac, der beim Vordringen in das Land der Bubus
nördlich von Mobaye von diesem räuberischen Stamme ermordet
wurde. Die Rache an den Mördern vollzog der Herzog d'Uzès.[2])
Fast zur selben Zeit wie diese französischen Expeditionen waren
Belgier in das obere Ubangigebiet gelangt. De la Kethulle und
Nilis waren den Schinko, einen rechten Nebenfluss des Mbomu,
aufwärts in das Bahr-el-Ghasalgebiet eingedrungen. Hanolet hatte
sich sogar in das obere Scharigebiet vorgewagt und Donckier de
Don cell hatte Dem Ziber im ägyptischen Sudan erreicht. Dies
bedeutete natürlich einen Vertragsbruch seitens der Agenten des
Congostaats. Denn nach dem Vertrage vom 27. IV. 1887 ge-
hörte alles Land nördlich des 4° N. zu „Congo français". Schweren
Herzens musste Liotard [3]) das vertragswidrige Vorgehen der Vertreter des Congostaats mitansehen, ohne es hindern zu können,
da ihm nur ungenügende Mittel zur Verfügung standen, vor
allem aber, weil er an seiner Regierung nicht den nötigen Rückhalt fand. Fast unerklärlich ist die schwache Haltung, welche
die französische Regierung damals annahm. Denn erst im Jahre
1893 entschloss sie sich, Oberst Monteil mit einer ansehnlichen
Streitmacht in diese Gebiete zur Wahrung ihrer Rechte zu entsenden, verzögerte aber immer seine Abreise und schickte nur
die Vorhut unter Major Decazes, in dessen Begleitung sich Vermont und François befanden. Decazes entledigte sich trotz der
schwierigen Lage bei der Unentschlossenheit der französischen
Politik — statt zu handeln, wurde immer weiter verhandelt —

---

1) Mit einer Mission zur Vorbereitung einer grösseren Expedition Alfred Fourneau's
beauftragt, hatte Gaillard sich im Januar 1891 zum Sanga aufgemacht. Am Zusammenfluss des Sanga und Ngoko hatte er einen Posten — Uésso — errichtet und war dann auf
der Dampfschaluppe „Le Ballay" den Sanga aufwärts bis zu den Stromschnellen von Bania
gefahren. cf.: „Bull. d. l. Soc. d. Géogr." 1893, 223 ff. Gaillard, Exploration de la haute
Sangha et du haut Oubangui.

2) Uzès war gleichfalls in diese Gegenden vorgedrungen. Er überlebte Poumayriac
nicht lange. Der Tod ereilte ihn bald nach seiner Rückkehr zur Küste.

3) Liotard war von Haus aus Apotheker und leitete jetzt die Erforschung und Organisation der Gebiete im Norden des oberen Ubangi-Mbomu.

glänzend seiner Aufgabe. Ende 1893 und Anfang 1894 erfolgte der Aufbruch der Expedition. In Brazzaville gesellten sich noch Dr. Viacin und Comte hinzu. Man wählte den Weg Ubangi aufwärts und begegnete bei Mobaye Liotard. In Abiras trennte sich die Expedition. Während Vermont den Schinko aufwärts fuhr und einen Teil seines Laufes aufnahm, François Aufnahmen am unteren Kotto machte und zusammen mit Comte den Mbomu erforschte, legte Decazes selbst den Lauf des oberen Ubangi von Abiras bis zum Kuango fest. An der Erschliessung dieser Gegenden beteiligte sich Bobichon, indem er das Gebiet zwischen Bangi und Kotto erforschte, welch letzteren Julien, ein alter Genosse Uzès, bis Magba aufwärts verfolgte.[1]) — Unterdessen war in Europa weiterverhandelt worden, und das vorläufige Resultat war die gegenseitige Anerkennung der beiderseitigen Positionen in dem strittigen Gebiet bis zur endgültigen Regelung der Streitigkeiten. Ein neues, politisch wichtiges Ereignis störte Frankreich aus seiner diplomatischen Trägheit auf und brachte Klarheit in die ungeklärte Sachlage im oberen Übangibecken. England wollte nämlich, um für die Zukunft einer unbequemen und gefährlichen Nachbarschaft Frankreichs vorzubeugen, das Land zwischen 25° O. und dem Nil bis zur Höhe des 10° N. an den König der Belgier verpachten. Nach dessen Tode sollte das Gebiet zwischen 25° O. und 30° O. (also das Bahr-el-Ghasalgebiet) seinen jeweiligen Erben überlassen werden. Ebenso wollte es dem Congostaat einen Zugang von 25 km Breite zum Albert-Eduardsee abtreten. Dagegen verpflichtete sich der Congostaat, England einen 25 km breiten Streifen vom Südende des Albert-Nyansa bis zum Nordende des Tanganjika für den eventuellen Bau einer Bahnlinie von Alexandria bis Kapstadt zu überlassen. Gegen einen derartigen Handel machte sowohl Deutschland Front, das seine Besitzungen in Ostafrika nicht eine britische Enklave werden lassen wollte, als auch Frankreich, das bei dieser Handlung besonders die Missachtung der Souveränität der Türkei und Aegyptens betonte. Kurz und gut: Die englisch-belgische „entente cordiale", kam nicht zustande. Da nun der Congostaat von England im Stich gelassen wurde, musste auch er sich zum Nachgeben bereit finden. So wurde in dem Vertrag vom 14. VIII. 1894 der Ubangi-Mbomu als endgültige Grenze festgesetzt bis zur Wasserscheide gegen den Nil. Der Congostaat musste seine im Norden dieser Linie gelegenen Stationen räumen. Immerhin gewann er bei der Regulierung, da im Vertrag vom 27. IV. 1887 der 4° N. als Grenze festgesetzt war. Der Vertrag

---

1) cf.: „Bull. d. l. Soc. d. Géogr." 1897, 129. 310, 496. Julien, Du haut Oubangui vers le Chari par le bassin de la rivière Kotto.

vom 14. VIII. 1894 brachte ebenfalls eine endgültige Regelung der Südgrenzen des „Congo français" gegen den „Etat indépendant du Congo". Hier wurde die Wasserscheide zwischen Kuilu- und Congobecken bis zum Schnittpunkt mit dem Meridian von Manyanga als Grenze vereinbart, sodann mit kleinen bweichungen dieser Meridian bis zum Congo. — Seitdem kann die Grenze des „französischen Congogebietes" gegen den Congostaat als endgültig geregelt betrachtet werden.

Doch dies war nicht der einzige Kampf, den die französische Kolonie um ihre Grenzen zu führen hatte. Denn erst einige Jahre sind verflossen, seit es zwischen Spanien und Frankreich zu einer definitiven Verständigung wegen der Begrenzung der beiderseitigen Interessensphären gekommen ist. Schon im Jahre 1860 trat Spanien mit Ansprüchen auf das Rio Munigebiet hervor. Im Jahre 1648 war ihm von Portugal, dem offiziell diese ganzen Gebiete am Congo gehörten, das Land zwischen Kamerun- fluss und dem Cap Lopez abgetreten worden. Da sich aber Spanien im allgemeinen überhaupt nicht um seinen afrikanischen Besitz kümmerte und eigentlich nur die ihm gleichfalls gehörige Insel Corisco wirklich occupiert hatte, so waren die Franzosen in diese spanischen Gebiete eingedrungen und hatten durch Verträge mit den eingeborenen Häuptlingen das Gebiet am Gabun und Rio Muni an sich gebracht. Mit einem Male erhob Spanien — wie schon gesagt — Ansprüche auf das Gebiet zwischen Campo und Muni, dem es noch Ausdruck zu leihen versuchte durch die wissenschaftlichen Expeditionen eines Iradié (1875/77), d'Ossorio und de Oca 1885, die aber alle nicht tiefer in das Innere des Continentes vordrangen. Frankreich beantwortete dieses Vorgehen Spaniens damit, dass es seinerseits zahlreiche Expeditionen in das Land südlich der Grenze gegen Kamerun[1]) schickte und im Jahre 1883 das Land in aller Form in Besitz nahm. Französischerseits wurden Stationen angelegt. Ein Kanonenboot stationierte in der Munimündung, das Zoll- und Polizeiwesen wurde geregelt und überall die französische Flagge gehisst. Ein Einigungsversuch zwischen beiden Regierungen im Jahre 1886 führte ebensowenig zu einem Resultat wie ein erneuter Versuch im Jahre 1891. — Endlich kam im Jahre 1900 eine Einigung zustande, nachdem schon 1898 durch den päpstlichen Stuhl ein Ausgleich versucht worden war. Durch den Vertrag vom 27. VI. 1900 wurde das Anrecht Spaniens auf das sogenannte Muni-

---

1) Paul Crampel unternahm 1888|89 seine 1. Reise in das nördliche Ogowebecken. Wir verdanken ihm die Aufnahme des oberen Ivindo und eine gewisse Keuntnis der Gebiete an der Kamerungrenze und dem Campofluss. Im Jahre 1889 sehen wir Fourneau auf demselben Wege wie Crampel von Ndjole aus den Ogowe aufwärts ziehen, um etwas westlich von der Ivindomündung nach Norden vorzudringen und dann in westlicher Richtung zur Küste zurückzukehren, die er an der Campomündung erreichte.

gebiet bestätigt. Die Südgrenze gegen den „Congo français" sollte gebildet werden durch den Muni und Otemboni bis zum Schnittpunkt des letzteren mit dem 1° N., der weiterhin die Grenze bis zum 11° 20' O. darstellen sollte. Dieser Meridian begrenzt das spanische Gebiet im Osten. Gleichzeitig liess sich Frankreich das Vorkaufsrecht im Falle der Veräusserung einräumen. Ein Jahr später entsandte die französische Regierung eine Abgren.ungskommission unter Leitung Bonnel de Mézières[1], die nach der offiziellen Uebergabe des Munigebietes an Spanien im Juli 1901 gemeinschaftlich mit den spanischen Delegierten die Abgrenzungsarbeiten vornahm. Im November 1901 waren sie beendigt. Somit war auch dieser jahrzehntelange Streit aus der Welt geschafft.

Schon gelegentlich der französisch-belgischen Grenzstreitigkeiten haben wir gesehen, wie Portugal es verstanden hatte, England für die Anerkennung seiner Souveränität in einem Gebiet von 5° 12' — 8° S. zu interessieren. Wenn auch die portugiesischen Ansprüche infolge des energischen Einspruchs von seiten Deutschlands und Frankreichs sehr beschränkt worden waren, so war es diesen Mächten doch nicht gelungen, Portugal ganz aus dem Gebiet nördlich des Congo zu verdrängen. Man hatte ihm vielmehr auf der Berliner Conferenz den Besitz von Cabinda anerkannt, und somit musste sich Frankreich auch mit Portugal hinsichtlich der künftigen Grenzen beider Colonien auseinandersetzen. Ein vorläufiger Abgrenzungsvertrag vom 12. V. 1886 hatte den Versuch einer topographischen Festlegung der Grenze zur Folge, eine Arbeit, die von einer aus beiden Parteien zusammengesetzten Kommission ins Werk gesetzt wurde und von Juni bis September 1893 dauerte, um dann im Laufe der Jahre 1894 und 95 fortgeführt zu werden. Die Widersprüche, welche sich gegenüber dem Wortlaut des Vertrages ergaben, machten eine Aenderung desselben notwendig, ein Bedürfnis, dem man in einem neuen Abkommen vom 29. I. 01 entsprach. Hiernach folgt die Grenze zwischen „Congo français" und Cabinda der Wasserscheide zwischen Loëme und Schiloango bis zum Breitengrade der Mündung des Bilisi in den Luali[2], der von hier bis zur Quelle die Grenze darstellt. Von der Lualiquelle ist wieder die Wasserscheide zwischen Loëme und Schiloango als Grenzlinie bis zum 12° 41' 50" O. massgebend. Von diesem Punkte aus soll die Grenze der Wasserscheide zwischen Niari-Kuilu und Schiloango folgen bis zum Meridian 10° 30' O. (12° 50' O. Paris), den sie bis zu ihrem Schnittpunkte mit dem Kamm der Höhen

---

1) Der Aufbruch von Bordeaux erfolgte am 15. VI. 01, die Ankunft in Libreville am 5. VII. 01.

2) Der Luali ist ein rechter Nebenfluss des Schiloango.

begleitet, welche die Erhebung des Mayumbawaldes begrenzen, um weiterhin mit diesem Gebirgskamm zusammenzufallen bis zu seiner Berührung mit dem Schiloango. — Eine französisch-portugiesische Kommission [1]) legte die Grenzen astronomisch fest, eine Arbeit, die von Juli bis Mitte Oktober 1901 dauerte.[2]) Die von der Kommission erhaltenen Resultate wurden von beiden Regierungen am 16. und 20. VII. 1903 ratifiziert. Hierdurch war auch die Situation an der Südgrenze der französischen Kolonie endgültig geklärt.

Im Norden grenzt das französische Congogebiet an Kamerun, sodass Frankreich wegen der Abgrenzung der gegenseitigen Interessensphären sich auch mit Deutschland verständigen musste. Ohne grosse Schwierigkeit kam der Grenzvertrag beider Mächte am 24. XII. 1885 zustande. Die Grenze zwischen der deutschen und französischen Besitzung sollte durch den Campofluss bis zu seinem Schnittpunkt mit dem 10⁰ O. gebildet werden. Der durch diesen Punkt gehende Breitegrad — der 2⁰ 10′ 20″ N. — würde alsdann die Grenze darstellen bis zum 15⁰ O., der seinerseits die östliche Grenze der deutschen Interessensphäre markierte. Ueber diesen 15⁰ O. hinaus war jeder Partei völlige Aktionsfreiheit gelassen. Schon bald begann der Wettstreit um die Gebiete im Osten des 15⁰. Leider war Deutschland bei seinen Bemühungen weniger von Erfolg begleitet als sein französischer Nebenbuhler. Wohl versuchten die Expeditionen von Dr. Zinkgraff, Hauptmann Morgen und Baron von Gravenreuth gegen Osten vorzudringen; aber sie scheiterten an den unwegsamen Gebirgen, welche das vordere Kamerun von dem Inneren des Continentes trennen. Weit glücklicher waren die Franzosen. Denn ihnen standen bei ihren Unternehmungen die Flussläufe zur Verfügung. Zunächst und vor allem kommt der Sanga in Betracht, dessen Erforschung für die Erschliessung des Landes im Osten des schon erwähnten 15⁰ von grösster Wichtigkeit war. Als erster war im Jahre 1890 Cholet auf der Dampfschaluppe „Ballay" den Sanga bis zur Mündung des Ngoko hinaufgefahren. Damit war der erste Anstoss zu weiteren Expeditionen gegeben. Gleich im selben Jahr machte sich auch schon ein zweiter auf, Alfred Fourneau. Auf Veranlassung Brazza's, der von der französischen Regierung im Juni 1886 zum General-Commissar der Kolonie ernannt worden war und nun eine Erschliessung des Sangabeckens auf's eifrigste anstrebte, brach Fourneau am 10. XI. 1890, von Blom und Thiriel begleitet, von Libreville auf,

---

1) Französischerseits leitete Alfred Fourneau unter Beihülfe Micheau's und Dujour's die Arbeiten.
2) cf.: „Commission de délimitation franco-portugaise" in „La zone frontière" Paris 1902, 10.

erreichte den Sanga an der Ngokomündung, zog dann den Ngoko
eine zeitlang aufwärts und ging auf nordöstlichem Wege zum
Sanga zurück. Er verfolgte diesen Congozufluss bis etwa 5° N.
Dort musste er umkehren, weil er im Kampfe mit den Eingeborenen ebenso wie Blom schwer verwundet, Thiriet sogar getötet
worden war. — Am Ende des Jahres 1891 machte sich Brazza
selbst auf, um die neuerforschten Gebiete zu organisieren, und
um sich in eigner Person an der weiteren Erforschung zu be-
teiligen. Da er von Gentil, Ponel, Frédon auf's eifrigste in seinem
Werke unterstützt wurde, so gelang es ihm, über die Strom-
schnellen von Bania hinaus vorzudringen [1]) und oberhalb Bania
die Station Djanlaba sowie etwa unter 4° 50′ N. Gaza im oberen
Sangagebiet zu errichten. — Von grösster Bedeutung ist die
erste Mission Mizon's, die in dieselbe Zeit — 1892 — fällt.
Von der Nigermündung war Mizon [2]) den Niger und Benue bis
Yola aufwärts gefahren. Dort legte ihm die Nigercompany
Schwierigkeiten in den Weg, weil sie nicht ganz mit Unrecht die
Rivalität Frankreichs in jenen Gebieten fürchtete. Da Mizon in
Yola die Kunde von Crampel's Ermordung erhielt, gab er seine
ursprüngliche Absicht, zum Tschadsee vorzudringen, auf und
schlug einen südlichen Weg ein vorbei an den Quellen des Benue
und Logone bei N'gaundere bis Kunde am Kadei, einem rechten
Sanganebenfluss. Diesen verfolgte Mizon weiter bis zur Mündung
in den Sanga, wo er am 7. IV. 1892 mit Brazza zusammentraf.
Eine andre Expedition, die Casimir Maistre im Auftrage des
»Comité de l'Afrique française« unternahm, erreichte ebensowenig
ihr ursprüngliches Ziel, den Tschadsee; sie ist aber doch wegen
der günstigen Verträge wichtig, welche Maistre mit mehreren
Häuptlingen im Osten Adamaua's schloss. Im Juni 1892 verliess er in Begleitung Clozel's, de Béhagle's und Bonnel de Mézières Nadda am Ubangiknie, verfolgte den Lauf des Kemo bis
zu seiner Quelle, trat dann in das Scharibecken ein und zog den
Gribingi und Schari abwärts. Leider musste Maistre seine Absicht, den Tschadsee zu erreichen, aufgeben, weil es ihm an
Fahrzeugen fehlte. Er wandte sich also nach Westen, überschritt
den Logone und gelangte durch Adamaua nach Yola am Benue.
Von dort aus benutzte er den Benue-Niger zur Rückkehr (1893).
Diese beiden letzten Expeditionen Mizon's und Maistre's sowie
eine neue Reise Mizon's [3]) gaben England und Deutschland Veranlassung, sich zu gemeinsamem Vorgehen gogen die französi-

---

1) Brazza liess den kleinen Dampfer „Le Courbet" über die Stromschnellen hinweg
transportieren.
2) cf.: Mizon „Voyage dans l'Adamaua" in „Tour du Monde" 1892, II, 252 ff.
3) Mizon erreichte Mitte 1902 auf demselben Wege wie bei der 1. Reise Yola, stiess
aber dort wieder auf Schwierigkeiten seitens der „Royal Niger Company" und wurde von
seiner Regierung zurückgerufen.

schen Unternehmungen zusammenzuschliessen. Deutschland war
mit Recht aufgebracht, weil die Expeditionen Mizon's und
Maistre's von ihm beanspruchtes Gebiet durchquert hatten.
England fürchtete nicht ganz mit Unrecht die Rivalität Frankreichs in seinem Interessenbereich am Niger-Benue. — So kam
es zu einem englisch-deutschen Abkommen vom 14. VIII. 1893.
Danach sollte das Gebiet im Westen und Norden einer Linie
von Yola am Benue bis zum Tschadsee in den englischen Interessenbereich einbezogen sein, während England sich mit einer
Ausdehnung der deutschen Besitzungen im Süden und Osten
dieser Linie bis zur Wasserscheide des Schari gegen den Nil hin
einverstanden erklärte. Sollten nun nicht mit einem Schlage alle
Mühen und Hoffnungen Frankreichs vernichtet werden, so musste
gegen diesen Vertrag, welcher die französische Colonie vom
Tschadsee ausschloss, energisch Einsprache erhoben werden. Dies
geschah denn auch von seiten der französischen Regierung. Die
Folge davon war eine Verständigung zwischen Deutschland und
Frankreich. Nach monatelangen Verhandlungen beider Kabinette
wurde am 15. III. 1894 ein Protokoll unterzeichnet, das die
Grundlage für eine endgültige Abgrenzung der beiderseitigen
Colonialgebiete bildete. Diesem Protokoll zufolge blieb der Grenz-
parallel gegen den Süden Kameruns derselbe wie im vorigen
Vertrage, — der 2^0 10′ 20″ N. Von seinem Schnittpunkte
mit dem 15^0 O. sollte die Grenze letzterem folgen bis zum
N'goko, der seinerseits Grenzlinie bis zum 2^0 N. ist. Der 2^0 N.
setzt sie bis zum Sanga fort. Von ihrem Berührungspunkte
mit dem Sanga an ist dieser Congonebenfluss auf 30 km die
Grenze, die nun weiterhin in gerader Linie bis zum Breitengrade
von Bania fortläuft und zwar bis zu einem Punkte 62′ westlich
von Bania. Sodann sollte sie ihre Fortsetzung finden in einer
geraden Linie bis zu einem Punkte auf dem Parallel von Gaza,
43′ westlich dieser Station. Von dort läuft die Grenze auf
Kunde zu. Dieser Ort wird jedoch in einem östlich geöffneten
Bogen, welcher der französischen Colonie um Kunde einen Bann-
kreis von 5 km zugesteht, umgangen. Im Norden soll der 15^0
O. die Grenze fortsetzen bis zum Schnittpunkt mit dem 8^0 30′
N. Sie wird dann weitergeführt in nordwestlicher Richtung,
Lame im Westen durch eine 5 km vom Ort entfernte Bannlinie
umgehend, bis zum linken Ufer des Mayo-Kebbi bei Bifara, das
zur französischen Colonie gehört. Von hier läuft die Grenze
geradlinig auf den 10^0 N. zu, der sie weiterhin bis zum Schari
bildet. Von nun an trennt dieser Fluss Kamerun von »Congo
français« bis zum Tschadsee hin. Für den Fall, dass die Lage
von Bania, Gaza und Kunde sich anders herausstellen sollte,
ebenso, wenn der Schnittpunkt des 10^0 N. mit dem Schari über

den 17° 10′ O. hinausläge, waren in diesem Vertrage Compen-
sationen vorgesehen, da Frankreich in jedem Falle die genannten
Stationen, andrerseits aber Kamerun den Unterlauf des Schari
vom 10° N. an als Grenze haben sollte. — Dass dieses Grenz-
abkommen auf falschen Voraussetzungen aufgebaut war, sollte
sich bald herausstellen. — Im Jahre 1900 wurde der erste
Versuch einer Festlegung der Grenzen gegen den Süden Kameruns gemacht. Diese Arbeiten nahmen 3 Jahre in Anspruch.
Eine deutsch-französische Kommission [1]) begann die topographischen und astronomischen Aufnahmen am Ngoko und ging dann
nach Westen vor. Während diese erste Abgrenzungskommission
nicht zum Ziele kam, hat eine neue, ebenfalls aus Deutschen und
Franzosen bestehende Doppelkommission Klarheit hinsichtlich der
Grenzen geschaffen. Der eine Teil hatte den Auftrag, die Südgrenze Kameruns bis zum Ngoko festzulegen. Die Leitung französischerseits hatte Hauptmann Cottes: Oberleutnant Hirkler
leitete, von Oberleutnant Winkler unterstützt, deutscherseits die
Arbeiten. Die schwierigere Aufgabe, die Ostgrenze Kameruns
zu bestimmen, fiel dem andren Teil der Kommission zu. Hier
waren die Franzosen ausser andern vor allem von Major Moll
vertreten, während die deutsche Regierung sich durch Hauptmann von Seefried, Leutnant Förster, Leutnant Schultze und
Baron von Reitzenstein an den Arbeiten beteiligte. Ende 1905
erfolgte die Abfahrt der Kommissionsmitglieder aus Europa.
Kaum ein Jahr ist es her, seitdem die Teilnehmer an den Abgrenzungsarbeiten nach endgültiger Feststellung der Grenze zurückgekehrt sind. — Wie nötig aber auch die Erledigung der Grenzstreitigkeiten war, haben die bedauerlichen Vorgänge von Missum-
Missum gezeigt.

In der Folge müssen wir auf eine Expedition zu sprechen
kommen, die seinerzeit in Europa allgemein Aufsehen erregte
und ein politisches Nachspiel heraufbeschwor, das ganz dazu angetan war, einen Krieg zwischen den beteiligten Nationen, England und Frankreich, heraufzuführen, nämlich auf die Expedition
Marchands nach Faschoda. Schon lange hatten die Engländer
befürchtet, die Franzosen würden ihnen unbequeme Nachbarn
im ägyptischen Sudan werden, und hatten, um gegen die französische Unternehmungslust gedeckt zu sein, den Congostaat
zwischen die französischen Besitzungen und den ägyptischen
Sudan zu schieben versucht, aber mit negativem Erfolge. Frankreich war und blieb der Weg zum Bahr-el-Ghasal geöffnet. Zu
seinen Ungunsten hat es ihn aber zu spät beschritten. Denn

---

[1] Auf deutscher Seite war Führer der Kommission Baron vor. Danckelmann, französischerseits Dr. Cureau.

2*

als Frankreich den Vorstoss gegen den oberen Nil endlich unternahm, hatte sich England längst in jenen Gebieten am Nil festgesetzt. Der Expedition Marchands hatte Liotard schon jahrelang vorgearbeitet, indem er längs des oberen Ubangi und Mbomu eine Postenkette anlegte und seinerseits bis Dem Ziber vordrang. Am 26. VI. 1896 erfolgte der Aufbruch Marchands von Marseille. Am 23. VII. landete er in Loango. Von Brazzaville — 1. III. 97 — ging es den Congo, Ubangi und Mbomu aufwärts, indem die Kolonne den Weg teils zu Land, teils zu Wasser auf 2 Dampfern »Faidherbe« und »Duc d'Uzès« und 3 Aluminiumbooten »Crampel«, »Lanzières« und »Pleigneur« zurücklegte. Unter unsagbaren Schwierigkeiten drang der kühne Franzose in den Bahr-el-Ghasal vor und erreichte am 10. VII. 1898 den Nil bei Faschoda, dem berüchtigten Sumpfloch Oberägyptens. — Schon bald zeigte sich, dass die Position, die Marchand sofort befestigte und gegen den Angriff eines Mahdiheeres erfolgreich verteidigte, auf die Dauer unhaltbar war, da General Kitchener, den England zur Niederwerfung des Mahdiaufstandes nach Oberägypten geschickt, plötzlich am 19. IX. 98 von Chartum aus in Faschoda erschien und im Namen seiner Regierung auf das energischste gegen diese Usurpation Frankreichs protestierte und nötigenfalls mit Gewalt drohte. Nach langen Verhandlungen zwischen beiden Regierungen [1]) musste sich Frankreich wohl oder übel zum Nachgeben entschliessen. In einem französisch-englischen Abkommen vom 21. III. 1899 wurde als Grenze der französischen Besitzungen gegen den ägyptischen Sudan die Wasserscheide zwischen Nil-, Congo- und Scharibecken bis 11⁰ N. bestimmt. Von diesem Punkte nach Norden sollte die alte Grenze zwischen Wadai und Darfur in ihrer Ausdehnung von 1882 die beiden Interessenbereiche scheiden. In keinem Falle dürfe diese Linie im Westen den 21⁰ und im Osten den 23⁰ O. überschreiten. — Marchand verliess also am 11. XII. 1898 Faschoda, durchquerte Abessinien und gelangte über Addis-Abeba nach el-Djibuti, der Hafenstadt von Französisch-Obok. Von dort wurde die Reise nach Frankreich angetreten, das seinen Helden trotz der politischen Schlappe mit echt französischem Enthusiasmus empfing. — Die Posten, die eine neue Expedition unter Roulet zur Unterstützung Marchands auf ihrem Marsche durch Bahr-el-Ghasal (1897/98) errichtet hatte, wurden gleichfalls in der Zeit von 1898 bis 1900 geräumt.

Durch den Vertrag vom 21. III. 1899 war Frankreich also endgültig der Zugang zum Nil abgeschnitten, — ein harter

---

1) Kitchener reiste selbst nach London, Marchand schickte einen seiner Offiziere mit einem Bericht nach Paris und begab sich persönlich zur Berichterstattung nach Kairo.

Schlag! —, der aber zum Teil durch die fast gleichzeitigen Erfolge im Schari-Tschadseegebiet aufgewogen wurde. Viele Jahre und unendliche Mühe waren erforderlich, ehe es gelang, das lang ersehnte Ziel, den Tschadsee zu erreichen. — Noch nicht lange hatte man sich mit Deutschland über eine vorläufige Abgrenzung der beiderseitigen Schutzgebiete geeinigt — am 24. XII. 1884 —, als auch schon bei den Franzosen der Plan auftauchte, im Osten von Kamerun, d. h. östlich des 15° O. eine Verbindung mit ihrem nördlichen Kolonialbesitz vermittels des Schari und Tschadsee herbeizuführen. — Besonders brachte ein Ereignis die auf die Erreichung dieses Zweckes abzielenden Expeditionen in Fluss, nämlich ein englisch-französisches Abkommen bezüglich der Abgrenzung der französischen Besitzungen Nordafrikas gegen Süden. Der Vertrag vom 5. VIII. 1890 setzte fest, dass eine Linie vom Niger bei Say bis Barrua am Tschadsee die französischen Kolonien gegen Süden — Nigeria — abschliessen sollte und zwar so, dass Sokoto in seinem vollen Umfange zu Nigeria gehören sollte. Somit blieb der Osten, Norden, Süden und teilweise auch der Westen des Tschadsees offen; denn nichts hinderte Frankreich, die nicht direkt zu Sokoto gehörigen Gebiete im Westen des Tschadsees zu besetzen. Die französische Regierung erteilte denn auch der Expedition Mizon's in diesem Sinne Instruktionen, den Tschadsee zu erreichen und eventuell Verträge mit den Stämmen am Tschadsee abzuschliessen. Wie wir wissen, glückte es ihm nicht, dieses Ziel zu erreichen. Glücklicher war eine Mission Monteil's, die zu demselben Zwecke von der französischen Regierung ausgeschickt wurde. Von Say am Niger brach Major Monteil am 27. VIII. 1891 auf. erreichte Kuka in der Nähe des Tschadsee (9. IV. 1892), wandte sich dann nach Norden und kehrte, indem er den Tschad rechts liegen liess, nach Frankreich zurück. — Auch Crampel, der uns schon durch seine Forschungen im Norden des Ogowe bekannt ist, versuchte vom Ubangi aus gegen Norden zum Tschadsee vorzudringen. Von Bangi aus zog er um die Mitte des Jahres 1890 den Ubangi aufwärts und richtete dann seinen Marsch nach El-Kuti, wo er von den Leuten Senussi's, des Despoten von Dar Runga, wenn nicht im Auftrage, so doch im Einverständnis Rabeh's gegen Ende April 1891 ermordet wurde. Die Ueberlebenden der unglücklichen Mission kehrten am 15. VII. 1891 nach Brazzaville zurück. Eine Expedition unter Jean Dybowsky vollzog noch im selben Jahre die Rache an den Mördern Crampel's. Bevor man von dem traurigen Schicksal Crampels Kunde erhielt, hatte die französische Regierung Dybowsky zur Unterstützung Crampel's entsandt. Auf demselben Wege wie der unglückliche Forschungsreisende — den Ubangi-Kemo aufwärts [1]) eilte. er nach El-Kuti, konnte aber nur noch rächen, nicht mehr retten. Bald darauf musste er sodann wegen Krankheit den Rückzug antreten. Auch Dybowsky sah den Tschadsee nicht. — In diesem Zusammenhang ist auch die Expedition Casimir Maistre's zu erwähnen, die vergeblich den Tschadsee zu erreichen suchte. — Wie gerade die Expeditionen Mizon's, Monteil's und Maistre's den Unwillen Englands und Deutschlands erregten und diese beiden Grossmächte zu dem Vertrage vom 14. III. 1893 veranlasste, ist schon berichtet worden. Hätte sich Deutschland nicht im letzten Augenblick zu einer Verständigung mit Frankreich herbeigelassen, so wäre es um Frankreichs Pläne einer Vereinigung seiner nordafrikanischen Kolonien durch das Schari-Tschadseebecken mit dem „französischen Congogebiet" schlimm bestellt gewesen. Da aber diese drohende Gefahr abgewendet war, konnte man um so eifriger dem Schari-Tschadseeproblem nachgehen.

Um die Geschichte der französischen Occupation der Schari-Tschadseegebiete besser verfolgen zu können, und zugleich einen Einblick in die für die jetzige Stellung Frankreichs so bestimmenden und wichtigen Verhältnisse im Sudan zu gewinnen, müssen wir zuvor von einem, bezw. zwei Männern berichten, die auf die Entwicklung der politischen Lage im Sudan einen fast ebenso grossen Einfluss gehabt haben wie der Mahdismus in Oberägypten: von Rabeh und in zweiter Linie von seinem Lehrmeister Zuber Pascha.

Max von Oppenheim [2]) hat Rabeh mit Napoleon verglichen, dem dieser kühne Eroberer mit seinem meteorartigen Auftreten, seinem glänzenden Siegeszug und baldigen Untergang in der Tat sehr ähnlich ist.

Zu Beginn der 70er Jahre hatte sich ein reicher Sclavenhändler aus Dongola, Namens Zuber, mit einer grossen Schar von Sclavenhändlern, wie sie die Sclavenjagd ja unbedingt benötigt, sogenannten Basingern, und Sclaven einen beherrschenden Einfluss über die Djellabas [3]) in ganz Bahr-el-Ghasal gewonnen. Auf diese Basinger, die Zuber mit Gewehren wohl ausgerüstet hatte. gestützt, unterwarf er bald die kleinen Potentaten im Bahrel-Ghasal bis nach Darfertit und Dar Runga hinein, ja sogar bis zum oberen Ubangi hin und legte überall in den eroberten Ländern Zeriben an. Der Khedive sah mit Schrecken diese Machtentfaltung, verlieh Zuber jedoch, um einen gewissen Schein der Oberherrschaft zu wahren, den Paschatitel und zugleich das

---

1) Am Kemo errichtete Dybowsky eine Station, um einen Stützpunkt und Rückhalt zn finden für seinen Zug in ein unerforschtes Land.
2) cf. Max von Oppenheim, Rabeh und sein Tschadseereich, Berlin, 1901.
3) Djellabas nennt man die arabischen Sclavenhändler im ägyptischen Sudan.

Gouvernement in den eroberten Ländern. — Aber im Jahre 1874 liess er Zuber nach Kairo locken und hielt ihn in goldenen Fesseln dort fest. Zuber sah sein Reich nie wieder. Sein Sohn Soliman, den er im Bahr-el-Ghasal zurückgelassen, protestierte energisch gegen diese Gefangenschaft seines Vaters, wurde aber von Gordon, der gerade in Oberägypten war, eine zeitlang beruhigt, bis er 1878, auf die Basinger Zubers gestützt, losschlug. Eine Expedition unter Gessi Pascha wurde gegen ihn geschickt, der im Mai 1899 Soliman schlug. Dieser floh nach Westen, beging aber die Torheit, sich Gessi, der ihm Verzeihung anbot, zu unterwerfen. In der Folge verdächtigte man Soliman aufs neue; Gessi gab ihn preis, und so wurde Soliman am 15. III. 1879 mit seinen Verwandten erschossen.

Einer der alten Basingerführer Zuber Paschas und Solimans war Rabeh. Schon unter Zuber hatte sich der junge, tapfere Mann hervorgetan, so dass dieser den armen Schreinerssohn aus Sennar am blauen Nil [1]) vom Tambour zum Basingerführer machte. Als nun Soliman von seinem Vorhaben, sich Gessi Pascha zu ergeben, nicht abzubringen war, verliess Rabeh mit klingendem Spiel und fliegenden Fahnen Solimans Lager. Viele Tausende Basinger mit Weib und Tross schlossen sich ihm an. Er wusste sich schlau der Verfolgung Gessi's zu entziehen; wandte sich nach Dar-Fertit und setzte sich schliesslich im gebirgigen Dar-Manga fest. Von hieraus unterwarf er zunächst die kleinen Häuptlinge von Dar-Banda und griff dann Dar-Kuti an, dessen Scheich, Muhammed waled Abu bekr es Senussi, sehr misstrauisch die Tore seiner Residenz N'dele vor ihm verschloss. Doch als Rabeh ein wohl von Senussi herbeigerufenes Wadaiheer geschlagen, konnte er als Sieger in N'dele einziehen. Er legte ihm Tribut auf, beliess ihn aber als seinen Statthalter bei der Herrschaft und nahm sogar Senussis Tochter zur Frau. Während der beiden folgenden Jahre benutzte Rabeh Dar-Kuti als Ausgangspunkt für seine Raubzüge zum oberen Ubangi und oberen Schari. Als er diese einst so blühenden Gegenden völlig ausgeplündert und die Bewohner als Sclaven fortgeführt hatte, wandte er sich 1893 gegen Bagirmi. Der Sultan von Bagirmi Gauranga rief seinem Lehnsherrn, den Sultan Jussef von Wadai um Hülfe an. Aber ehe dieser noch ein Heer schicken konnte, verbrannte Gauranga nach mehreren unglücklichen Gefechten seine Hauptstadt Massenja und zog sich nach Mandjafa, einer stark befestigten Stadt am Schari, die im Innern Felder hatte, zurück. 7 Monate lang musste Rabeh Mandjafa belagern. Das

---

1) Rabeh's Vater war ein muhamedanischer Neger aus dem ägyptischen Sudan, kein Araber.

inzwischen herbeigeeilte Wadaiheer, — nach übertriebener
Schätzung 40 000 Mann stark —, wurde geschlagen und zog sich
zurück. Daraufhin floh Gauranga aus Mandjafa, das sich im
Juli 1893 ergab und vom Sieger verbrannt wurde. Schliesslich
unterwarf sich Gauranga und wurde zinspflichtig. Nunmehr zog
Rabeh gegen Bornu und zwar zuerst den Schari entlang. Alle
Städte und Dörfer wurden zerstört, die blühenden Felder zer-
stampft. Was nicht ermordet wurde, fiel in die Sclaverei, Brand
und Mord bezeichneten den Weg, welchen Rabeh nach Bornu
nahm. Fast ohne Widerstand stürzte er das morsche Sultanat.
Kuka, eine damals blühende Stadt von 60—80 000 Einwohnern,
wurde vollständig zerstört. Den Sultan von Bornu ermordeten
seine eignen Verwandten. — Der Machtbereich Rabeh's erstreckte
sich nach diesem grossen Erfolge im Westen bis Sokoto und dem
Emirat Adamaua, im Süden zum oberen Schari und Mbomu,
im Osten bis zum Bahr-el-Ghasal und Wadai. Ein gewaltiges
Reich! — dessen Hauptstadt Dikoa Rabeh auf deutschem Kame-
rungebiet anlegen liess. [1]) Sein Heer teilte Rabeh in 30 Abteilungen ein, die wohlausgebildet und mit den besten Gewehren
ausgerüstet waren. Er suchte sogar in dem ganzen Reich ein-
heitliches Recht und einheitliche Religion einzuführen, dessen
Grundlage einerseits die Scharia bilden sollte wie andrerseits der
Islam in religiöser Beziehung. — So war Rabeh auf jede Weise
bemüht, seine Herrschaft zu consolidieren. Doch gelang ihm
dies sehr wenig, da seine Macht sich eben nur auf seine Sol-
dateska stützte. Nur, soweit seine Basinger streiften, reichte sein
Ansehen. Denn die Völker hassten ihn als Fremden und vor
allem wegen seiner himmelschreienden Grausamkeit. So ereilte
ihn sein Geschick! — Hätten die Franzosen Rabeh noch 10
Jahre in Ruhe gelassen, so wäre der Ausgang vielleicht ein
andrer geworden. Dann hätten sich die einzelnen Völkerschaften
an ihn gewöhnt und würden ihn ebenso wie ihre ohnehin meist
fremden Despoten im Kampf unterstützt haben. Im entscheiden-
den Augenblick stand Rabeh allein.

Inzwischen war Gentil im Jahre 1897 auf dem Léon Blot,
den er über die niedrige Wasserscheide zwischen Ubangi-(Kemo)
und dem Scharibecken (Gribingi) hatte schaffen lassen, durch die
Postenkette Rabeh's hindurch glücklich zum Tschadsee gelangt.
Unterwegs war er von der Bevölkerung, die in Gentil den Retter
erblickten, ebenso wie von Gauranga aufs eifrigste unterstützt

---

1) Nach kurzer Zeit soll Dikoa einer jedenfalls sehr übertriebenen Schätzung zufolge
etwa 100 000 Einwohner gehabt haben. Ein ganzes Stadtviertel für sich beanspruchten der
Palast Rabeh's, die Kasernen der Basinger und die Magazine. Hier gab es Leute, die
Kugeln gossen, die es verstanden, alte Steinschlossgewehre in Präcisionsgewehre zu ver-
wandeln. Sogar Pulver wurde hergestellt, wenn es auch nicht die Expansionsgewalt be-
sass wie das europäische.

worden. Nicht lange hielt sich Gentil am Tschad auf. Denn einerseits war ein längerer Aufenthalt in Rabeh's Machtbereich ziemlich gefährlich, andrerseits drängte es ihn, möglichst bald nach Frankreich zu kommen und dort die Mittel für eine neue, grössere Expedition zur Vernichtung Rabeh's und Verbreitung des französischen Einflusses im Schari-Tschad flüssig zu machen. Nach kurzer Zeit verliess also Gentil den Tschadsee, kehrte nach Frankreich zurück und nahm gleichzeitig eine Gesandtschaft Gauranga's an die französische Regierung mit. Kaum hatte Gentil Afrika den Rücken gekehrt, da brach das Unglück über die Völkerschaften am Schari, vor allem über Bagirmi herein. Rabeh zog heran und verwüstete auf's neue die Landschaften am Schari. Gauranga musste fliehen und rief französische Hilfe an. Aber Prins. Gentil's Stellvertreter am Schari, war nicht stark genug, um die Greueltaten Rabeh's zu hindern. Doch schon war Hilfe in Aussicht. Die französische Regierung hatte in der Mitte des Jahres 1898 eine zweite Expedition zum Schari entsandt unter dem Leutnant z. S. Bretonnet und Leutnant Braun, die gleichzeitig Gauranga's Gesandtschaft nach Bagirmi zurückführen sollte. Da aber die Nachrichten aus dem Scharigebiet immer beunruhigender wurden, so beeilte man sich in Frankreich mit der Entsendung Gentil's. Ende 1898 war die neue Expedition ausgerüstet. Schon am 16. IX. 1899 stand Gentil bei Gaura am Schari. Dort trafen ihn zwei Unglücksbotschaften. De Béhagle, der im Auftrage einer französischen Firma die kommerziellen Verhältnisse im Scharigebiet studieren sollte, hatte sich zu weit nach Norden vorgewagt, war von Rabeh's Leuten ergriffen und auf dessen Befehl im Juli 1899 in Dikoa ermordet worden. Bretonnet war von Rabeh bei Togbao überrascht worden. Rabeh's Streitmacht soll 7—8000 Mann stark gewesen sein. Nach tapferer Gegenwehr wurden sämtliche Teilnehmer dieser Expedition bis auf einen getötet. Der einzige Ueberlebende brachte Gentil die traurige Kunde. Trotzdem nun Rabeh durch die Vernichtung der Expedition Bretonnet's zahlreiches Material — vor allem Gewehre — in die Hände gefallen war, zögerte Gentil doch keinen Augenblick mehr. Er eilte Rabeh nach und erreichte ihn bei Kuno, wo dieser eine feste Stellung bezogen hatte. Gentil griff trotz der noch ungenügenden Rüstungen an und schlug Rabeh am 29. X. 1899. Der erste Schritt zur Vernichtung des Usurpators war getan. Doch wohl schwerlich wäre es Gentil allein gelungen, den kühnen Eroberer unschädlich zu machen, wenn nicht die französische Regierung aus langer Hand ein Zusammentreffen und gemeinsames Wirken dreier Expeditionen am Tschadsee vorbereitet hätte. Vom Westen her verfolgte die ehemalige Mission Voulet-Chanoine, die

nach der Katastrophe bei Zinder von Leutnant Joalland und
Meuniér weitergeführt wurde, einen westöstlichen Weg von Say
nach Barrua am Tschadsee und vereinigte sich am 23. II. 1900
bei Gulfei mit der Expedition Foureau-Lamy [1]). Beide Expeditionen zogen nun gemeinschaftlich weiter und gewannen am 21.
IV. 1900 Fühlung mit Gentil unter den Augen Rabeh's bei
Kusseri. Nun waren genügend Truppen zu einem energischen
Angriff vereinigt, und so zögerte man denn auch nicht länger.
Unter dem Kommando des ältesten Offiziers, des Majors Lamy,
ging man zum Angriff vor. Nach mehreren Treffen wurde Rabeh
im heissen Kampf bei Kusseri am 28. IV. 1900 getötet. Leider
fiel auch der französische Führer Lamy. — War auch mit dem
Tode Rabeh's seine Streitmacht nicht vernichtet — denn es lebten
noch seine Söhne Fad-el-Allah und Niebe —, so hatte doch die
Niederlage und das Fehlen eines Führers wie Rabeh einen solch
demoralisierenden Eindruck gemacht, dass immerhin eine ernstliche Bedrohung seitens der Ueberreste der Rabeh'schen Macht
vorerst nicht zu befürchten war. Frankreich konnte jetzt ernstlich daran denken, sein Protektorat über die Gebiete des Schari-
Tschadseebeckens auszudehnen. Am 5. XI. 1900 erklärte denn
auch ein Regierungsdekret das Schari-Tschadseegebiet zum Militärterritorium mit eigner Verwaltung und eignem Budget. Inzwischen waren die Führer im Kampfe gegen Rabeh alle nach Frankreich zurückgekehrt.[2]) Nur wenige Truppen blieben zurück.
Kaum hatte die Haupttruppenmacht den Boden der französischen
Colonie verlassen, da brachen die Unruhen auf's neue los. Fad-
el-Allah hatte die alten Krieger seines Vaters um sich versammelt
und war wieder zum Angriff vorgegangen. Aber dank des energischen Vorgehens des Oberstleutnants Desténave, der in Gentils
Abwesenheit das Kommando im Schari-Tschadseegebiet hatte, war
diese Gefahr bald abgewandt. Desténave schlug Fad-el-Allah
bei Dikoa entscheidend. Eine fliegende Colonne unter Dangeville
verfolgte die Reste und vernichtete sie bei Gondjiba (auf englischem Gebiet). Fad-el-Allah fiel. Niebe ergab sich daraufhin
mit dem Reste der Basinger, die in der Nähe der Militärstationen
am oberen Schari angesiedelt wurden.

Die Rabeh'sche Gefahr war nun zwar endlich beseitigt; doch
konnten sich die Franzosen noch nicht der Ruhe erfreuen.
Joalland hatte auf seinem Zuge durch Kanem mit den Scheichs
des Landes Verträge abgeschlossen. Demzufolge waren diese

---

1) Sie war vom Minister der öffentlichen Arbeiten ausgerüstet worden und hatte die
Sahara von Norden her durchquert.
2) Als Erster Foureau. Gentil sah die Heimat im Februar 1901 wieder. Reibell, der
Nachfolger Lamy's im Kommando, brachte seine Truppen im Oktober 1901 glücklich nach
Frankreich zurück. Joalland führte seine Expedition wieder über Barrua, Zinder, Say,
durch den Sudan und landete im März 1901 an der französischen Küste.

Gebiete im Osten des Tschadsees unter französisches Protektorat gestellt worden. Der immer wachsende französische Einfluss am Schari und diese neue Ausdehnung auf Kanem erregte den Unwillen des Scheichs der Senussis, Muhammed el Mahdi uld Senussi, der es verstand, den Glaubenseifer der Bewohner von Kamen und Borku zu einem heiligen Kampf gegen die fremden Eroberer zu entflammen. Der Hauptstützpunkt des Aufstandes war Bir Alali im Osten des Tschadsees. Bald waren die Franzosen jedoch zur Stelle. Es gelang ihrem Führer Millot, den Aufständischen bei Máo eine schwere Niederlage beizubringen. Nicht lange danach erschien Major Tetart — 18. I. 1902 — mit 500 Mann vor Bir Alali und unterdrückte auch die letzten Reste des Aufstandes nach hartem Kampfe gegen todesmutige Gegner. — Nicht weniger schwierig und ausgedehnt waren die Kämpfe, die Frankreich mit Wadai zu bestehen hatte. Der Sultan dieses Landes hatte seit langem eine gewisse Vorherrschaft über Dar Kuti und Bargimi ausgeübt. Nun hatte sich Bagirmi unter französisches Protektorat begeben. Ebenso erwies sich der Sultan von Dar Kuti, Senussi, dem französischen Einfluss zugänglich und schloss am 18. II. 1903 mit Chevalier einen Vertrag ab. [1] Dieses stetige Wachsen französischen Einflusses in Ländern, die der Sultan von Wadai, Dud murrah M'Salah, als seine Tributärstaaten ansah, veranlasste diesen zu verschiedenen Ueberfällen und Angriffen auf französische Stationen. Am 13. V. 04, wurde Leutnant Dujour plötzlich von 600 Wadaikriegern und 700 arabischen Reitern in der Zeriba Temba (am Lac Iro) angegriffen. Der Angriff wurde zwar blutig zurückgewiesen; doch war dieser Ueberfall nur als ein Vorspiel zu betrachten. Am 31. I. 1905 erschienen etwa 2000 Wadaikrieger vor Yao, einem französischen Posten am Lac Fittri, der 30 Tirailleurs unter Leutnant Repoux als Standquartier diente. Wieder wurde das Wadaiheer geschlagen, liess 140 Tote zurück und zog sich auf einige Kilometer von Yao zurück. Als dies Hauptmann Rivière erfuhr, eilte er von Bokoro aus herbei, überfiel die Wadaimänner in der Nacht vom 3. zum 4. Juni und zersprengte sie vollständig. 200 Wadaikrieger bedeckten das Schlachtfeld. Dieses andauernde Missgeschick gab denn doch dem Sultan von Wadai zu denken.

Seitdem ist Ruhe und Frieden im Schari-Tschadseeterritorium eingekehrt. Dieser Umstand lässt hoffen, dass unter französischem Schutze friedliche Zeiten für Ackerbau und Handel in die einst so blühenden und reichen Länder einkehren werden,

---

1) Nach diesem Vertrage verpflichtet sich Senussi, gegen europäische Waren und Munition jährlich 30 kg Elfenbein, 600 kg Kaffee, 3 Tonnen Kautschuk, 10 Rinder, 3 Pferde und 20 Hammel zu liefern. Gleichfalls erklärte er sich bereit, für Wegeverbesserungen auf der Strasse von Fort Archambault nach N'dele zu sorgen.

die durch die Raubzüge Rabeh's zum grossen Teil in Einöde und Trümmerstätten verwandelt sind.

In der hier erwähnten Zeit der politischen und kriegerischen Ereignisse, wie sie namentlich in den letzten Jahrzehnten des alten und im Anfang des neuen Jahrhunderts die Entwicklung und Vergrösserung der jungen Kolonie hemmend oder fördernd begleitet haben, hat die friedliche Forschung und die wirtschaftliche Tätigkeit keineswegs geruht. Im Jahre 1899 hatte Frankreich Concessionen zur Ausbeutung der Naturreichtümer der Kolonie an einzelne Gesellschaften verliehen. Dadurch war natürlich eine genaue Abgrenzung der Concessionsgebiete wie überhaupt eine genaue topographische Aufnahme der Kolonie notwendig geworden. Auf Veranlassung des Kolonialministers machten daher Royier, Avelot und Gritty Aufnahmen im Gebiete zwischen Ogowe und N'guni, das seit Barrat's (1893) und Baron's (1894) Forschungen nur von Kaufleuten besucht worden war. Ihre Arbeiten dauerten von Oktober 1899 bis Anfang 1900. — Eine andre grosse Expedition, die sich aus zwei Abteilungen zusammensetzte, verfolgte den gleichen Zweck einer geodätischen und topographischen Aufnahme des Gebietes zwischen Libreville und Brazzaville. Während der eine Teil unter Major Gendron zur Verstärkung Gentil's bestimmt war, nahm der andre Teil unter Jobit, Demars und Löfler die Landesaufnahme vor (1899). Ebenso diente einem wirtschaftlichem Zwecke die Expedition unter Fourneau und Fondère, nämlich einer Untersuchung der Aussichten, die für einen Eisenbahnbau zwischen Sanga und dem Meere vorhanden sind. Von Uésso am Sanga zogen die beiden Forscher am 12. II. 1899 quer durch ein unerforschtes Gebiet nach Libreville. Anfangs Juni 1899 erreichten sie das Meer, nachdem sie auf ihrem Wege mehr als 2000 km aufgenommen hatten.

Physiographie.

Konnte man in den 80er Jahren, als das französische Congogebiet sich nach Osten hin nur bis zum Sanga erstreckte, von einem ziemlich einheitlichen Charakter des Landes sowohl in physiographischer als auch in ethnographischer Hinsicht sprechen, so hat sich das im Verlauf der darauffolgenden Jahrzehnte vollständig geändert. Französische Forscher drangen nach Osten und Norden vor und gaben der Kolonie eine ungeahnte Ausdehnung. Sie zeigt jetzt einen fortlaufenden Uebergang von der üppigen Vegetation des Aequatorialwaldes bis zu den kahlen, unfruchtbaren und unwirtlichen Gegenden an der Schwelle der Sahara. Ebenso weisen auch die Bewohner des weiten Gebietes in ethnographischer Beziehung grosse Verschiedenheiten auf. Im Urwalde sind es die Bantuneger mit ihrem wüsten Fetischdienst und Kannibalismus. Grundverschieden von ihnen erscheinen nach Charakter und Lebensweise die muhamedanischen Sudanneger mit weit fortgeschrittener Kultur, und wiederum tritt ein ganz anderer Charakter bei den arabischen Hirtenstämmen und den Berbern im Süden, Osten und Norden des Tschadsees zutage.

Vier voneinander sehr verschiedene Gebiete lassen sich bei der physiographischen Betrachtung der Kolonie unterscheiden.

I. Das Gebiet der Küstenflüsse.

II. Das äquatoriale Depressionsgebiet des Congobeckens.

III. Das Hochland im Norden des letzteren.

IV. Das untere Schari= und Tschadseegebiet.

I. Gleich einem breiten Bande zieht sich längs der ganzen Küste von Norden nach Süden ein Gebirge hin, das im Norden des Ogowe den Namen Mont Cristal führt, sich im Süden des Ogoweknies in den Inoge- und Dembebergen fortsetzt und sich unter dem Namen des Mayumbawaldes oder der Mayumbaketten bis Cabinda und in den Congostaat hinzieht. Es ist ein archäisches Faltengebirge, das Gipfel von 1000—1500 m Höhe aufweist. Während man im allgemeinen — namentlich im südlichen Teil — von der Küste aus ziemlich sanft zum Gebirge aufsteigt, treten die Berge im Norden des Ogowe nahe an die Küste heran und entsenden Ausläufer zum Meere hin, welche in seiner Nähe noch erhebliche Gipfel haben wie der Mt. Bata (auf spanischem Gebiet) — 850 m — und der Mt. Mitre — 1200 m —, oft steil zum Meere hin abfallen und schroffe Vorgebirge wie Kap St. Juan usw. bilden. Diese Küstenkette bildet eine Mauer gegen das Innere. Hat man sie endlich überstiegen, so erhebt sich das Terrain in einzelnen Stufen, bis man endlich ein weites, sandbedecktes Plateau erreicht hat: Die Wasserscheide zwischen den Küstenflüssen und dem Congobecken. Das Gebiet der Küstenflüsse läst sich seinerseits in **4 Stufen teilen**:

1) **In die schmale Küstenzone.**
Während im Norden des Kap Esteiras das Gebirge in seinen westlichen Ausläufern ziemlich nahe an die Küste herantritt und die Flüsse zu einer Deltabildung nicht gelangen lässt, zeigt sich eine auffallende Aenderung des Landschaftcharakters im Süden der Ogowemündung. Im Norden des Kap Lopez kann man wenigstens von einiger Küstengliederung reden. Buchten und Inseln begleiten den Meeresstrand; im Süden verläuft er in einer geraden, südwestlichen Linie ohne Buchten. Hier ist die niedrige, sandige, zum Teil sumpfige Flachküste mit hohen Schilfgewächsen und Sumpfpflanzen bedeckt und hat die Bildung von Flussdeltas und Lagunen befördert Dünen ziehen sich längs der Küste hin und erschweren als wandelnde Sandbarren die Einfahrt in die Flüsse. Da, wo diese die ersten Stromschnellen zeigen, beginnt die **zweite Stufe**.

2) Das Land ist allmählich angestiegen. Da steht man vor einer undurchdringlichen, grünen Mauer. Die üppigste Vegetation des Urwaldes bietet sich dem Auge des Beschauers dar. Riesige Exemplare des Affenbrotbaums oder Baobab (Adansonia digitata), Oelpalmen bilden das Gerüst, an denen sich ein unentwirrbares Geflecht von Lianen hinaufrankt, während ein bunter Teppich von Blumen und Strauchwerk dem Eindringling den Weg versperrt. Nichts sieht man als den Urwald mit seinem ernsten, schweigenden Dunkel. Hier und dort bahnt sich ein Bach oder Fluss seinen Weg durch die Wildnis, dessen klare Fluten in Kaskaden und Stromschnellen, leuchtend im Sonnenlicht, von Stein zu Stein springen, — ein lichtes Bild im Vergleich zur ewigen Dämmerung des Urwaldes, welchen fast keines Menschen Fuss betrat. Denn mit dem Beil muss man sich den

Weg in die **Heimat** der Gorillas, Schimpansen und Elefanten bahnen. Kein Pfad führt durch den Wald, der nur an den Flussufern Dörfer aufweist. — Der Urwald erstreckt sich in einer Breite von mehr als 100 km parallel der Küste durch die ganze Kolonie. Die mittlere Erhebung dieser Zone beträgt 350 bis 400 m.

3) **Die dritte Stufe** fängt da an, wo der Urwald aufhört und reicht bis zu einer mittleren Höhe von 600—700 m. Weite, mit mannshohen Gräsern, Kräutern und Strauchwerk bedeckte Ebenen dienen Antilopen und Büffeln als Weideplätze. Hier und da finden sich vereinzelte Baumgruppen. Nur noch längs der Flussläufe stehen die Urwaldriesen, die als sogenannte »galéries forestières«, wie dunkelgrüne Bänder die Flüsse einsäumen und den Lauf des Wassers weithin bezeichnen. Für den Reisenden ist es sehr schwierig, diese Gegenden zu durchqueren, da die meterhohen Gräser und Kräuter keinen freien Ausblick gestatten. Für die Kultur aber ist gerade dies Gebiet vorzüglich geeignet, da der Boden ausserordentlich fruchtbar ist, und weil die vielen Kräuter die Ziegen- und Rinderzucht sehr fördern würden.

4) **Die vierte Stufe,** die in einer Höhe von 700—800 m an die vorige sich anschliesst, folgt genau der Wasserscheide zwischen den Küstenflüssen einerseits und den Zuflüssen des Congo andrerseits. Sie stellt ein weites, sandbedecktes Hochplateau mit äusserst spärlicher Vegetation dar. Hier und da unterscheidet man eine Rinne, welche sich zum Horizont hin verbreitert: das Tal eines Flusses, der zum Congo oder zum Meere hin seinen Verlauf nimmt. Hat man dieses triste und einförmige Plateau überschritten, so zeigt sich in umgekehrter Folge dieselbe Stufengliederung gegen den Congo hin. Das französische Congogebiet in seiner Ausdehnung aus den 80er Jahren stellt eine ungeheure Doppelleiter dar, an der man auf der einen Seite — vom Atlantischen Ozean her — hinaufsteigt, um auf der anderen Seite zum Congo hinabzusteigen in das **grosse, äquatoriale Depressionsgebiet,** welches sich bis zum ostafrikanischen Seengebiet erstreckt, über den Congostaat ausdehnt und

II. **als ein zweites, physiographisch gesondertes Gebiet** ein Areal von etwa 180 000 qkm innerhalb der französischen Kolonie einnimmt. Dieses grosse Depressionsgebiet stellt das Entwässerungsbecken des Congo dar. »Congo français« nimmt daran Anteil mit dem Gebiet des Alima, Likuala, des unteren und mittleren Sanga und des Ubangi bis etwa 4° N., vor allem mit dem Congo selbst von der Alima- bis Ubangimündung. Das vom Aequatorialwald bedeckte Alluvialgebiet weist keine Modellierung seines Bodenreliefs auf. Es ist von unzähligen Kanälen und Sümpfen durchzogen und erscheint zur Regenzeit als ein einziges, weites Ueberschwemmungsgebiet. Hier ist der richtige Boden für die tropische Vegetation. Der Urwald erscheint in diesen Gegenden in einer ungeahnten Ueppigkeit und erstreckt sich über das ganze Depressionsgebiet.

III. **Ein durchaus anderer Charakter in physiographischer Beziehung** zeigt sich nordwärts **zwischen 4⁰ -- 8⁰ N.** — Ehemals, in der archäischen und paläozoischen Formation, bildeten Gneis, Glimmerschiefer und Granit ein weites Hochplateau, welches gegen Norden seinen Abschluss fand durch das ungeheure Sudan- und Tschadmeer. Jahrmillionen haben an der Denudation und Ablation der alten Massive gearbeitet, haben allmählich die grossen Meere mit dem Erosionsmaterial der centralafrikanischen Hochgebirge ausgefüllt, sodass jetzt nur noch wenige Zeugen des einstigen Gebirges übrig geblieben sind in den Kagas am oberen Schari, den M'bias am M'bomu. In die jetzige Plateaulandschaft haben zahlreiche Flussläufe ihr Bett eingegraben, die einesteils nach Norden zum Schari abfliessen und andrenteils ihre Wasser zum Ubangi-Mbomu entsenden. Die Wasserscheide zwischen Schari und Ubangi ist namentlich im Westen sehr niedrig (am oberen Kemo etwa 450 m hoch.) Den westlichen Teil der grossen Plateaulandschaft nimmt die ausgedehnte, mit Steppengräsern bewachsene Hochebene des oberen Sanga ein. Granitgipfel ragen aus ihr hervor, die nach Norden und Osten immer grössere Bedeutung und Höhe annehmen. Sie reichen bis ins westliche Scharibecken hinein und geben dem Logone, Wam und anderen Scharizuflüssen ihren Ursprung. Diese Berge im oberen Sanga- und Logonegebiet sind als die östlichen Ausläufer der Kamerungebirge zu betrachten, welche im Quellgebiet des westlichen Logone bei Ngaundere (in Kamerun) noch eine Höhe von über 1000 m erreichen. Nördlich vom oberen Wam ziehen sich die Kariberge und die Kagas Katara hin. Im Gebiet des oberen Bali sind die Kagas Bakala zu erwähnen. Ja, bis tief in das Land der Lakas hinein erstrecken sich die Ausläufer der Sangaberge. Dort sind die Be- und Toriberge zu nennen. — Das obere Scharibecken ist ein hügeliges Plateau. Gneise und Granite sind namentlich im Süden vorherrschend und bilden im Gribingi. Bamingi wie überhaupt in den südlichen Scharizuflüssen zahlreiche Stromschnellen. Ueberall finden sich am oberen Schari einsame Granitfelsen, die Ueberreste des ehemaligen centralafrikanischen Massivs: die Kagas M'bra und M'bre, von denen der Gribingi kommt und die Kagas Bandero, an deren Fuss Fort

Crampel liegt. Auch im Osten, im Gebiete des oberen Ubangi-M'bomu und ihrer Nebenflüsse ist dieselbe Struktur des Grundgebirges wahrzunehmen. Alleinstehende Felsen — hier M'bias genannt — ragen aus der Plateaulandschaft hervor, nehmen nach Osten an Mächtigkeit und Häufigkeit zu und bilden an der Grenze des französischen Besitzes gegen den ägyptischen Sudan die zusammenhängende Wasserscheide zwischen Congo und Nil. Am oberen Kotto ist das ausgedehnte Darfertitmassiv zu nennen, weiter im Westen die Abtalbari- und Wandaberge, am mittleren Kotto die M'bias M'bari, über welche der Kotto in einem ziemlich hohen Wasserfall hinabsteigt. Während vom Ubangi bis zum 8^0 N. noch Galeriewälder die Flussläufe begleiten, die Hochflächen sich durch eine reiche Kultur auszeichnen und den Tummelplatz einer geradezu fabelhaft reichen Tierwelt bilden, ändert sich der Landschaftscharakter allmählich im Norden des 8^0 N.

IV. Wir treten in **die Region des unteren Schati-beckens und des Tschadsees** ein. Das Plateau senkt sich nach Norden zu. Die Kagas ragen nur noch ganz vereinzelt aus der einförmigen, öden Landschaft hervor. Die Kulturen der südlicheren Guineazone finden sich wohl noch bis etwa 10^0; aber bald verschwinden sie und machen einer unfruchtbaren, baumlosen Steppenlandschaft Platz. Bagirmi — im Norden des Bahr-Salamat — macht den Eindruck der strauchlosen, äusserst ärmlichen Gegend mit vorwiegend tonigem Boden. Es liegt schon in der Uebergangszone von den reichen, sudanesischen Kulturgebieten [1]) zu den unwirtlichen Steppen am Tschadsee und den Sanddünen von Kanem, den Vorboten der Sahara. Wenige Steppengräser und Kräuter dienen den Herden zur Nahrung.[2]) Kanem ist die Schwelle der Sahara. Sanddünen reihen sich an Sanddünen. Nur hier und da findet sich eine Oase wie die von Bir Alali, von N'guri. Noch einmal treten die Felsen in der Nähe von Niellim an den Schari heran, der kurz nach seiner Vereinigung aus Gribingi und Bamingi das Hochplateau verlassen hat und nunmehr durch die Ebene fliesst. Die 40—50 m hohen Felsen von Niellim (9^0 40' N.) bestehen aus Pegmatit. Der Schari hat sich zwischen ihnen hindurchgearbeitet, sodass die steilen Ufer die Struktur des Gesteines in voller Klarheit erkennen lassen. Von nun an fliesst er ruhig dahin bis zur Mündung in den Tschadsee. — Im Osten des Flusses steigen die Felsenketten des Hochlandes von Dekakire schroff aus der einförmigen

---

1) Hier gedeihen Kaffee, Pfeffer, Oelpalme, Sorgho, Sesam, Mais, Hirse usw.
2) Die Hauptbeschäftigung der meisten Völkerstämme am unteren Schari und Tschadsee ist Viehzucht.

Ebene hervor als Ueberreste des alten Hochgebirges. Während das Gebirge im Westen, im eigentlichen Dekakıre, mehr vereinzelte Felskegel wie die Berge von Meri, Kuë, Dar und Melfi aufweist, stellt es im östlichen Teile ein zusammenhängendes Massiv dar, welches man im allgemeinen als »Gereberge« bezeichnet. Das Dekakiremassiv erstreckt sich von Südosten nach Nordwesten etwa zwischen 10° 20′—11° 40′. Ringsum eine ungeheure Ebene! — Hie und da sieht man ein altes, ausgetrocknetes Flussbett. Ueberall zeigt der tonige Boden Risse. Es ist das traurige Bild einer baum- und fast strauchlosen Landschaft. Nur, wo die Flussbetten während der Regenzeit einiges Wasser führen, findet man wohl eine reichlichere Vegetation. Hier kann man denn auch die sehr vereinzelten, menschlichen Wohnstätten wahrnehmen. Das ist der allgemeine Landschaftscharakter bis zum Tschadsee hin.

Hydrographie.

»Französich Congo« ist von einem, nach allen Richtungen hin ausgedehnten Wassernetz durchzogen, das für die Entwicklung der Kolonie bei dem grossen Mangel an Landstrassen und dem vollständigen Fehlen von Eisenbahnen von ungeheurer Bedeutung ist. Es dürfte sich der besseren Uebersicht wegen sehr empfehlen, alle diese Flusssysteme mit ihrer Unzahl von Nebenflüssen **in 3 Gruppen** zusammenzufassen:

I. **Die erste Gruppe** umfasst alle zum Atlantischen Ozean fliessenden Ströme ausser dem Congo, der ja ohnehin nur auf eine verhältnismässig kurze Strecke der französischen Kolonie angehört.

II. Sein Mittellauf bildet vielmehr mit den rechtsseitigen Zuflüssen eine **zweite Gruppe,** welcher sich als

III. **dritte,** den Norden des französischen Besitzes entwässernd, der Schari mit seinen Nebenflüssen und der Tschadsee anschliesst.

1. In erster Linie kommen die Ströme in Betracht, welche in mehr oder weniger westlicher Richtung dem Ozean zueilen. Denn sie wurden zuerst und wohl am gründlichsten erforscht; andrerseits bilden sie vorerst noch immer die Eingangspforte in das Innere der Kolonie.

Wenn auch der Campofluss (auf der Südgrenze von Kamerun) nur mit dem Oberlaufe »Französisch Congo« angehört, so ist er doch in den letzten Jahren anlässlich der französischdeutschen Abgrenzungsarbeiten so viel genannt und erforscht worden, dass auch er hier Erwähnung finden mag. Er ist ebenso wie der südlichere Benito an seinem Ober- und Mittellauf von Stromschnellen und Katarakten durchzogen, die erst am Unterlauf — beim Benito von Yobe an — auf etwa 35 km die Dampfschiffahrt gestatten. Der Benito wird von den Eingeborenen des spanischen Besitzes, den er durchfliesst, Eyo genannt und hat nach einem etwa 300 km langen Lauf eine Breite von 2 km an der Mündung. — Auf der Grenze von »Französisch Congo« und »Spanisch Guinea« begegnen wir dem Rio Muni, einem breiten Wasserlauf. Er wird von zahlreichen Nebenflüssen wie dem Noyo, Temboni u. a. gespeist. Auch er ist an seiner Mündung in die Bahia di Corisco auf eine kurze Strecke für kleine Schiffe bis zu 3,50 m Tiefgang befahrbar. In dieselbe Bucht mündet der Mundah. Er kann eigentlich nur als ein von mehreren kleineren Bächen gespeistes Aestuarium betrachtet werden. Dies ist in vergrössertem Massstabe auch beim Gabun der Fall. Man ist kaum in der Lage, ihn als einen Fluss anzusehen, wie es vielfach geschehen ist. Wir haben es vielmehr mit einem grossen Aestuarium zu tun, in welches zwei Flüsse einmünden. Der eine von ihnen, der Komo, hat im Osten, in den Mt. Cristal seinen Ursprung, verbreitert sich rasch, ist aber am Unterlauf durch zwei Inseln gesperrt, während der andere, der Rhomboe, aus dem Süden kommt, nördlich von Lambarene entspringt und durch ein enges, tief ins Gebirge eingeschnittenes Tal dem Gabun zueilt.

Der bedeutendste Fluss im Westen der Kolonie ist der Ogowe, zum wenigsten, wenn man sein Entwässerungsareal — es beträgt 300 000 qkm — in Betracht zieht. Er selbst hat einen Lauf von etwa 1200 km und befördert 10 000 cbm Wasser in der Sekunde. Die Eingeborenen benennen ihn verschieden. Die Bakalai nennen ihn Ogobe, die Adauma Lebangi, welch letztere Bezeichnung auch den Europäern für den Oberlauf geläufig ist, die Okanda Otemboni und die Inenga und Galoa Rhembo ri polo. Der Ogowe nimmt seinen Ursprung auf dem Plateau von Aschicuya in etwa 450 m Höhe. Zuerst fliesst er im allgemeinen in n. n. w. Richtung bis kurz vor der Mündung des Ivindo. Der ganze Oberlauf ist von hohen, dicht aufeinanderfolgenden Stromschnellen und Wasserfällen durchzogen. Sein erster, grösserer Nebenfluss ist der Passa auf der rechten Seite. In reissendem Laufe stürzt dieser über Stromschnellen und Felsplatten herab durch ein enges, tief in den Fels eingeschnittenes Tal, bis er etwa 15 km vor seiner Mündung in den Ogowe — bei Franceville — für kleinere Schiffe bis zu 2,50 m Tiefgang schiffbar wird. Er hat dort eine Breite von 70—100 m. Seine klaren Fluten durcheilen ein liebliches Tal, auf dessen steilen Abhängen schattige Wälder in üppigster Vegetation ebenso wie die von Lianeu gebildeten Hängebrücken der ganzen Scenerie ein überaus malerisches, um nicht zu sagen, grossartiges Aussehen verleihen. Ist es doch, als ob der Schiffer durch einen ungeheuren Dom von grünem Laub dahinglitte. — Durch den Passa verdoppelt sich die Wassermenge des Ogowe, sodass er unterhalb der Passamündung eine Breite von etwa 300 m erlangt. Nunmehr schlängelt er sich zwischen Hügelketten dahin, welche von Bächen zerschnitten und mit undurchdringlichem Urwald bedeckt sind. Auf seinem ganzen Verlauf bis N'djole folgt Stromschnelle auf Stromschnelle, die oft eine ziemlich bedeutende Höhe und rasche Aufeinanderfolge aufweisen wie die Wasserfälle von Duwe, bei Bundji unterhalb von Lastoursville und westlich von der Ivindomündung bei Buwe. Alle Nebenflüsse [1]) des oberen Ogowe bis zum Ivindo sind von geringer Bedeutung mit Ausnahme des Passa. Etwas südlich vom Aequator, wo der Ogowe seine ursprüngliche Richtung aufgibt, um nunmehr in westlichem Laufe durch den Urwald dahinzurauschen, empfängt er seinen bedeutendsten rechten Nebenfluss, den Ivindo. Dieser, seinerseits von vielen Zuflüssen gespeist, entspringt auf der Grenze von Kamerun und schlängelt sich in vielen Windungen nach Süden zum Ogowe hin. Auch er ist nicht brauchbar für eine ausgedehntere Schifffahrt, da seine Wasserfälle [2]) am Unterlauf zum Teil eine beträchtliche Höhe erreichen. Von der Ivindomündung richtet der Ogowe seinen Lauf nach Westen: Zahlreiche Stromschnellen, welche oft nur 1 km voneinander entfernt sind, machen die Schiffahrt sehr gefährlich, wenn sie auch in kleinen Booten nicht unmöglich ist. Nachdem der Ogowe links noch den Lolo und Ofone aufgenommen hat, empfängt er etwas oberhalb von Lambarene seinen grössten, linken Nebenfluss, den N'guni. Letzterer fliesst in nordwestlicher Richtung durch ein herrliches, tiefes Tal, rings umgeben von üppigster, tropischer Vegetation, die sich wie ein grünes Dach fast über dem Fluss zusammenschliesst, — nicht ungefährlich für die Boote, — da sie sich bei dem starken Gefälle des Flusses leicht in dem ins Wasser hängenden Lianennetz verfangen können. An seinem Unterlaufe ist der N'guni von Stromschnellen durchzogen. Die gefährlichsten sind die Sambafälle. — Etwas oberhalb der etwa 400 m breiten N'gunimündung tritt der Ogowe in etwa 70 m Meereshöhe in die Niederung ein. Von hier aus wird der gewaltig gewachsene Strom schiffbar. Nicht lange dauert es denn auch, so beginnt die Deltabildung ein wenig talwärts von Lambarene. Da von nun an die Ufer des Ogowe sehr flach sind, so haben sich eine Anzahl von Flachseen gebildet, deren grösster der inselreiche Soñange (frz. Zonangue) ist. Rechts vom Ogowe liegt der Asingosee (frz. Lac

---

1) Es mag eine blosse Aufzählnng der Namen genügen. Auf der linken Seite des Ogowe sind Liboko, Libumdi, Lekele, Leboka und Numba zu nennen, rechts Likabo, Nkoni mit malerischen Ufern und grossartigen Wasserfällen und der sehr gewundene Lauf des Sebe.

2) Der Katarakt von Kuagia-man-ngoyo unter 0^0 10' 10'' N. hat eine Höhe von 20 m; derjenige von Konge (0^0 22' 29'' N.) 45 m und der Wasserfall von Minguli (0^0 20' N.) erreicht 52 m.

Azingo), welchen der Adumbo mit dem Ogowe und ein andrer Abfluss, der N'gumba, mit dem Meere verbindet. Ueberhaupt ist das aus Lateriten und Sanden gebildete Delta des Ogowe von einem weiten Kanalnetz durchzogen, das nach Norden hin — also vor dem Ueberströmen in den Rhomboë — nur durch einen niedrigen Dünenwall geschützt ist. Noch in verhältnismässig junger Zeit hatte das grosse Delta eine Ausdehnung längs der Küste von etwa 200 km. Es ist an seinen Ufern und auf den zahlreichen Sandbänken mit Sumpfpflanzen und mannshohen Schilfen bewachsen, die ebenso wie das Wasser eine Unzahl von Tieren beherbergen.

Südlich vom Kap Lopez erhält die Küste ein auffallend anderes Gepräge. Während sie bis dahin in fast nordsüdlicher Richtung verläuft, verhältnismässig reich gegliedert ist, Kaps und Buchten [1] aufweist, nimmt die Küste nach Süden zu einen südöstlichen Verlauf an, ist flach und bildet keine Buchten mehr. An ihre Stelle treten weite Lagunen und Strandseen. Hier ist zu nennen das Fernan-Vaz, in welches der Rhamboë mündet, nachdem er ein herrliches Tal durchflossen, ferner die N'gove- und N'dogolagune. — Von geringer Bedeutung sind die Flüsse dieses südlichen Teils der Küste mit Ausnahme des Kuilu. — Da ist zuerst der S e t t e. In westlichem Lauf durchfliesst er zwei Seen, um sich am Unterlauf einen nordwestlichen Weg zum Meere zu bahnen. Dadurch bildet er eine langgestreckte Landzunge. Auf ihr liegt Settegama sowie eine Reihe von Faktoreien, deren Hauptzweck der Handel mit Elfenbein und Kautschuk ist. Dann folgt der N y a n g a, der als Fluss ohne Bedeutung ist. Er bildet mehr eine Kette von Seen als ein regelmässiges Flussbett. Ausserdem ist sein Lauf durch zahllose Stromschnellen unterbrochen. Immerhin ist der Nyanga deswegen erwähnenswert, weil sich an seinen Ufern ein alter Handelsweg hinzieht. Da diese Strasse einen bequemen Zugang durch das Randgebirge zum Congo hin gestattet, wurde sie vielfach von Reisenden und Kaufleuten benutzt. An der Nyangamündung liegt die Stadt gleichen Namens. Die südlicher gelegene Lagune von M a y - u m b a, wohl auch Mayumbafluss genannt, ist etwa 400 m breit und 8—15 m tief. Die langgestreckte, schmale Landzunge, welche die Wasserfläche des Mayumba vom Meere trennt, ist etwa 40 km lang. An dieser Lagune liegen zahlreiche Faktoreien wie auch eine gleichnamige Stadt. Nördlich vom Kuilu ist noch der wenig lange, aber an seinem Unterlauf auf 30 km schiffbare N'g o n g o zu nennen. Den Oberlauf sperren Stromschnellen.

---

1) Kap St. Juan, Kap Esteiras, Kap Lopez usw., die Buchten von Corisco, von Nazareth, das Gabun Aestuarium.

Der Hauptfluss im Süden der Kolonie ist **der Kuilu,** am Oberlaufe N i a r i genannt. Er entspringt auf dem Hochland von Bateke. Schon der Niari erhält viele Zuflüsse, die ihm zur Regenzeit grossen Wasserzuwachs bringen. Die linken Nebenflüsse sind der Lukoni, an dessen Nebenfluss Minduli die gleichnamigen Kupferminen sich befinden, der östliche und westliche Luvisi, Lutete und N'kenka. In etwa 140 m Seehöhe empfängt der Niari seinen bedeutendsten linken Nebenfluss, den ziemlich reissenden Ludima, von dessen Einmündung in den Niari lettzerer nunmehr Kuilu heisst. Der Kuilu-Niari ändert jetzt die bisher innegehabte westliche Richtung, fliesst in einem nach Süden geöffneten Bogen an den Bergketten des Mayumbawaldes vorbei, aus welchem ihm von Norden her der Luësse zuströmt, und wird von hier aus schiffbar, wenn auch einige Stromschnellen wie die von Zile-N'guni und die Sandbarre an der Mündung in den Ozean die Schiffahrt sehr erschweren und gefährlich erscheinen lassen. Immerhin kann der an seiner Mündung 600 m breite Kuilu während der Regenzeit bis zu einer Breite von 60 m befahren werden. Er ist, wie schon erwähnt, als Eingangstor in die Kolonie wichtig, da der Unterlauf des **Congo** wegen der vielen Stromschnellen für die Schiffahrt durchaus untauglich ist.

II. Dieser Riesenstrom bildet in einer Länge von 600 km die Grenze gegen den Congostaat und zwar von Manyanga bis zur Mündung des Ubangi. Das centralafrikanische Depressionsgebiet wurde bereits erwähnt. Während der Congo bei der Ubangimündung eine mittlere Breite von 5—6 km hat, ja ·sogar am Likualaeinfluss seine grösste Breite — fast 18 km — erreicht, wird er bei der Mündung des Alima wieder schmäler — 8-10 km — und verengt sich am Lefini bis auf 2—3 km. Alsdann muss er sich zwischen Hügelketten und dem steilen Abhang des Hochplateaus von Bateke hindurchzwängen — er ist nur noch etwa 1500 m breit — bis er in das weite Becken **des Stanley=Pool** hinaustritt. Einstmals bildete der Stanley-Pool [1]) ein weites Stauungsbecken zwischen den ersten, westlichen Terrassen des innerafrikanischen Hochplateaus und den Ausläufern des Schiefergebirges längs der Küste, bis es der Gewalt der angestauten Wassermassen gelang, sich einen Weg zum Atlantischen Ozean zu bahnen, an dessen Nivellierung der Congo noch lange zu arbeiten haben wird. Dieser bricht nämlich vom Pool gleichsam auf einer ungeheuren Treppe in 32 Katarakten, den sogen. Livingstonefällen, durch die Küstenketten hindurch. Die Fälle verteilen sich auf eine Strecke von 450 km. Hier hat der

---

1) Sein Flächeninhalt beträgt nach Rouget 450 qkm, nach Scobel 600 qkm, — wie wir sehen, zwei sehr auseinandergehende Angaben. Im Pool liegt die Insel M'Bamu.

Congo[1]) nur eine Breite von 300—400 m. Dann tritt er in die Tiefebene ein und ergiesst seine Fluten bald in den Ozean.

Seine bedeutendsten Zuflüsse auf französischem Gebiet sind: Alima, Likuala, Sanga, Likuala aux herbes und Ubangi. — Mag immerhin der L e f i n i (etwa 250 km lang) als Congozufluss etwa in der Mitte zwischen Brazzaville und der Alimamündung dem Namen nach erwähnt werden, so kommt er doch als Wasserstrasse nicht viel mehr in Betracht als der N'k e m e u n d N'k e n i, die etwas südlich vom Alima in den Congo münden, und der D j u ë, der sein Wasser in den Stanley-Pool ergiesst. — Ungleich bedeutender ist der A l i m a, da er die Verbindung des Meeres mit dem Congo vermittelt (durch das Tal des Ogowe). Seine Quellflüsse, Diele und N'gampo, entspringen auf dem Plateau von Aschicuya. Nach Vereinigung beider fliesst der Alima in einem nach Süden offenen Bogen zum Congo. Er erreicht ihn nach 500 km langem Lauf etwa 350 km nördlich von Brazzaville. Seine bedeutendsten Nebenflüsse sind der Lekete und Pama. Der auch zur Trockenzeit schiffbare Alima — Dampfboote können sogar bis Diële am oberen Alima gelangen — führt dem Congo 1000 cbm Wasser in der Sekunde zu. — Der zweite, nennenswerte Zufluss des Congo (auf französischer Seite) ist der L i k u a l a-M o s s a k a. Er hat eine Länge von 600—700 km, von welchen etwa 320 km für Schiffe befahrbar sind. Ausser einer ganzen Reihe von Nebenflüssen münden der Lekoli, Lebai und N'goyo auf der rechten Seite in den Likuala, sodass er namentlich zur Regenzeit sehr wasserreich ist und etwa 1100 cbm Wasser pro Sec. in den Congo befördert. — Nächst dem Ubangi ist der **Sanga oder Massanga** der bedeutendste, rechte Congozufluss. Von seiner Quelle bis zur Mündung ist er etwa 1600— 1700 km lang. Der Mambere ist sein Hauptquellfluss, der zusammen mit dem Nana den eigentlichen Sanga bildet. Dieser fliesst in ziemlich gewundenem Lauf im ganzen von Norden nach Süden, entwässert an seinem Oberlauf ein hügeliges, von sumpfigen, in dichtem Urwald verborgenen Flüssen drainiertes Land und tritt an seinem Mittellauf in das centralafrikanische Depressionsgebiet ein. Der Sanga ist bis Bania (unter 4° N.) schiffbar, wo Granulitfelsen zur Bildung von Stromschnellen Veranlassung gaben. Oberhalb derselben ist eine weitere Strecke bis Fort Carnot (5° N.) fahrbar. Zahlreiche Nebenflüsse strömen ihm zu. Die bedeutendsten kommen aus Nordwesten: am Oberlauf der Kadei, an dessen Mündung Nola liegt, und der N'goko mit der

---

1) Die mittlere Wasserbeförderung des Congo beträgt 40 000 cbm in der Sekunde, kann bei Hochwasser 70—80 000 cbm erreichen und sinkt in trockenen Zeiten auf 30 000 cbm. Nach Chevanne lagert er jährlich 350 000 000 cbm Sedimente im Meere ab.

Station Uesso kurz unterhalb seiner Mündung. Letzterer wird
ebenfalls von vielen Zuflüssen gespeist. Für die wirtschaftliche
Erschliessung der Kolonie ist und wird der Sanga von grosser
Bedeutung sein, sodass man schon die Frage eines Eisenbahnbaues
von Libreville nach Uësso ernstlich erwogen hat. An den Ufern
des Sanga sind mehrere bedeutende Stationen emporgewachsen
wie Uësso, Nola, Bania, Carnot, Gaza u. a., welche für die Aufschliessung des Landes jedenfalls von unschätzbarem Werte sein
werden. Der Sanga führt dem Congo in der Sekunde etwa
3000 cbm Wasser zu. Auf vielen Karten sieht man den
„Likuala aux herbes" als einen Sanganebenfluss be-eichnet.
Wie Jobit festgestellt hat, besteht keine ständige Verbindung
zwischen beiden; wohl aber wird das von Sümpfen und Kanälen
durchzogene Land zwischen den beiden Congonebenflüssen zur
Regenzeit so mit Wasser gesegnet, dass dadurch ein Zusammenhang zwischen Sanga und Likuala a. h. herbeigeführt wird. Die
Likualaquelle ist noch nicht hinreichend bekannt. Doch soviel
steht fest: Der anfangs kleine Bach erreicht bald eine Breite von
120 m, fliesst in nordsüdlicher Richtung unter zahlreichen Windungen durch ein sumpfiges Terrain. An seinem Unterlauf
zweigt er zwei schiffbare Arme zum Sanga ab. Als Wasserstrasse
ist der Likuala a. h. wichtig, da er wegen seiner grossen Tiefe
auf eine weite Strecke hin von Dampfern befahren werden kann.

Viel bedeutender als alle vorher besprochenen Congoneben-
flüsse ist **der Ubangi,** in jeder Beziehung der grösste,
rechte Zufluss des Congo. Bildet er doch die Verbindung mit
dem Norden des französischen Besitzes in Centralafrika, dem
Schari-Tschadseeterritorium, und im Osten den Zugang zum Nil.
Der Ubangi entsteht aus zwei Quellflüssen, dem M'bomu und
dem Uëlle (frz. Ouelle). Beide kommen aus dem Osten. Der
Uelle gehört ganz dem Congostaate an, durchfliesst eine mit
Buschwerk bedeckte Hochebene und nimmt eine ganze Anzahl
von Zuflüssen auf. Die klaren Fluten des zur Trockenzeit nicht
allzu wasserreichen Flusses rauschen über zahlreiche Felsbarren
dahin. Zur Regenzeit erreichen die reissenden, schmutziggelben
Wasser eine Höhe von 5 m. Der M'bomu bildet die Grenze
zwischen »Französisch Congo« und dem Congostaat. Der ganze
Lauf ist von Stromschnellen durchsetzt, doch nicht so, dass nicht
auf den Zwischenstrecken Schiffahrt getrieben werden könnte.
Am M'bomu liegen die Residenzen der Negersultanate, Semio,
Rafai, Bangassu, welche alle sehr günstig an der Mündung oder
in der Nähe eines der grösseren Nebenflüsse, des Uarra, Schinko
(frz. Chinko), M'bari angelegt sind. Sie sind, wie der M'bomu
selbst, von vielen Stromschnellen durchquert; da sie aber ihrer-

seits viele Zuflüsse erhalten, so sind sie in der Regenzeit sehr
wasserreich und führen dem M'bomu einen grossen Wassersegen
zu. Uelle und M'bomu vereinigen sich bei Abiras zum Ubangi.
Dieser durchfliesst alsdann in w. n. w. Richtung ein flaches,
wenig geneigtes Hochland. Die ersten Stromschnellen finden sich
bei Setema (21° 20' O.). Kurz darauf erreicht er eine Breite
von mehreren Kilometern. Bei Fort de Possel ändert der Ubangi
seine bisherige Richtung und fliesst nach Südwesten weiter. Kaum
hat er diese Richtung eingeschlagen, so treten neue Stromschnellen
auf, die sich oberhalb Bangi's auf eine Strecke von 100 km hin-
ziehen. Südlich von Bangi tritt der Ubangi in das Depressionsgebiet ein und erreicht den Congo bei Djundu. Sein Lauf beträgt 2500 km. Er führt dem Congo 8000 cbm Wasser in der
Sekunde zu. Die wichtigsten Ubanginebenflüsse mögen hier Erwähnung finden. Wenig unterhalb der Vereinigung beider Quell-
arme zum Ubangi mündet der K o t t o.[1]) Er entspringt in den
Gebirgen Dar Fertits auf der Grenze zwischen französischem
Besitz und dem ägyptischen Sudan und eilt nach Süden dem
Ubangi zu. Die Länge des Kotto wird zu 800 km angegeben.
Er ist für eine ausgedehntere Schiffahrt kaum zu gebrauchen,
weil er auf seinem ganzen Laufe von Stromschnellen durchzogen
ist. Der nächste, grössere Ubanginebenfluss ist der K u a n g o.
Er ist noch wenig erforscht, zumal an seinem Oberlauf. Man
nimmt als seinen Quellfluss den Quacka an. Am nördlichsten
Punkte des grossen »Knies« mündet in den Ubangi der K e m o,
welcher als Zugang in das Scharibecken von grosser Wichtigkeit
ist durch seinen Nebenfluss, den T o m i. Während der Kemo
auf seinem südlich gerichteten Lauf von unpassierbaren Stromschnellen erfüllt ist, haben alle Reisenden den Tomi als Eingangs-
strasse zum Scharigebiet benutzt. Er ist auf seinem ganzen,
sehr gewundenen Laufe schiffbar, und zu jeder Jahreszeit sind
die niedrigen Felsbarren an seiner Mündung passierbar. Zuletzt
wäre noch der M'P o k o zu nennen, welcher etwas südlich von
Bangi in den Ubangi mündet. Er entspringt etwa unter 6° N.
und fliesst in südöstlicher Richtung zum Ubangi. Die Schiffahrt
ist unmöglich, weil zahlreiche Stromschnellen und Katarakte ihn
auf seinem ganzen Laufe begleiten. — Die Mündung des Ubangi
ist für den Reisenden schwer zu finden, weil sie von Sandbänken
und bewaldeten Inseln derart maskiert ist, dass die Forscher oft
den Congo weiter aufwärts fahren statt des Ubangi und umgekehrt.

    III. Das **Schari=Tschadseebecken** bildet e i n e b e s o n-
d e r e G r u p p e in der Hydrographie des »Congo français«, vor

---

1) cf. : La Géographie, VIII. 1903, 13 ff. Superville, de l'Oubangui à N'delle par le
bassin de la Kotto.

allem wegen seiner centralen Lage innerhalb des afrikanischen Continentes ohne Abfluss zum Ozean. — Ein ziemlich niedriger Höhenzug bildet die Wasserscheide zwischen Ubangi- und Scharibecken. Der Schari entwässert mit seinen Zuflüssen das grosse, centralsudanesische Plateau. Er entsteht aus der Vereinigung des G r i b i n g i und B a m i n g i. Der westliche Quellfluss Gribingi entspringt auf den Kagas M'bre etwa 6⁰ 30′ N. Zuerst durchfliesst er nach Nordwesten hin ein tief ausgearbeitetes Tal und ist von zahlreichen Granitbarren durchquert, sodass er bis Fort Crampel (7⁰ N.) nicht schiffbar ist. Fort Crampel gegenüber — der Gribingi schlägt von hier aus eine nördliche Richtung ein — mündet sein erster bedeutenderer Nebenfluss, der Nana, und kurz unterhalb dieser Station als grösster Gribingizufluss der von Osten her kommende Koddo. Der Gribingi erhält vor allem durch letzteren eine ziemliche Breite und Tiefe, die einen über das ganze Jahr hin ausgedehnten Verkehr mit Ruderbooten und eine Dampfschiffahrt vom 14. August bis zum 15. Dezember gestatten. Er ist an der Koddomündung etwa 25 m breit und erreicht an seinem Unterlauf eine Breite von 40—60 m. Kurz vor seiner Vereinigung mit dem Bamingi hemmen noch 7 Stromschnellen seinen Lauf. Immerhin können sie aber während der Regenzeit auch von Dampfern gefahrlos passiert werden. Als sonstige Nebenflüsse mögen noch der Mihi oder Messi auf der rechten, der Bassa auf der linken Seite genannt werden. — Der Bamingi ist aus zwei Quellarmen gebildet, dem schon Nachtigal bekannten Bahr-el-Abiad und dem Kukurru oder Bahr el Azreg. Auch der Bamingi hat auf seinem nordwestlichen Lauf ein tiefes Bett in das Gebirge eingegraben. Die Stromschnellen, welche er beim Einschneiden in den Fels hervorgebracht, sind von Granit. Sie bilden nach der Erzählung Béhagle's riesige Tore und Pyramiden und verleihen dem Oberlauf ein grossartiges Gepräge, aber je näher der Vereinigung mit dem Gribingi, desto mehr verschwindet der Granit unter einer bedeutenden, schwarzen Humusdecke, welche die tropische Vegetation in üppigster Fülle zeigt. Kurz, nachdem beide Quellflüsse sich vereinigt haben, nimmt der nunmehr 120—150 m breite Schari auf der rechten Seite den B a n g o r a n auf. Man hat diesen letzteren wohl als dritten Quellarm bezeichnet. Hier verlässt der Schari die Region der Kagas und tritt in die Plateaulandschaft des Saralandes ein, wo ihm von Südwesten her der B a h r S a r a zufliesst. Er entspringt etwa unter 6⁰ N. in den Bergen, die von Kamerun her in die Kolonie hineinreichen. Der Bahr Sara erreicht schon unter 7⁰ N. eine Breite von 150—200 m, bei 8⁰ 40′ 300 m (Maistre) und am Unterlauf 350—400 m (Gentil). In einem 60 km weiten

Delta ergiesst er sich in den Schari. Der Bahr-Sara ist unstreitig
der bedeutendste Scharinebenfluss, bedeutender selbst als dessen
Quellflüsse Gribingi und Bamingi. — Wenn man die Notizen
über »Congo français« in den französischen Fachzeitschriften
verfolgt hat, so wird man sehr oft den Namen Bahr-Sara oder
Wam, Wom, Wa (frz. Ouame, Ouome, Oua) erwähnt finden.
Man hat sich lange über diesen »Wam« gestritten. Wohl alle
Erforscher des Scharibeckens haben sich an der Streitfrage und
ihrer Lösung beteiligt. Einige identifizierten den Wam mit dem
Schari wie Maistre.[1]) Andre — unter ihnen auch Clozel[2])
hielten ihn für einen Zufluss des Logone. Wieder andre sahen
ihn als Ubanginebenfluss an. Diese Ansicht vertrat Wauters.[3])
Er setzte ihn abwechselnd dem Ombella und dem M'Poko gleich.
Doch begann man infolge der Forschungen von Bruel und Bernard
seit 1901 allmählich einzusehen, dass Bahr Sara, Wam oder
Wom derselbe Fluss unter drei verschiedenen Bezeichnungen ist.
Dieser Meinung war ebenfalls Dr. Huot[4]). — Die bisher wahr-
scheinlichste Theorie über das Scharisystem vertritt Bruel[5]). Er
sagt: »Vor langer Zeit bildete die Niellimkette eine Barriere
gegen Norden, hinter der sich ein weiter See anstaute. Gribingi,
Bamingi, Auk und Bahr Sara ergossen sich in diesen. Als sich
nun der See entleerte — der jetzige Schari durchbrach das Gebirge bei Togbao — und durch die Alluvionen der Flüsse allmählich ausfüllte, wurden Bahr Sara und Auk, die fast einander
gegenüber in den See mündeten, durch den vereinigten Bamingi-
Gribingi gezwungen, ihre Wasser nunmehr in den Schari zu er-
giessen.« — Der Bahr Sara ist also ein Scharitributär! — Neu
ist die Ansicht Fourneau's, der den Bahr Sara für den Hauptquellfluss des Schari hält. Er ist auch nicht abgeneigt zu
glauben, dass der Bahr Sara einen oder mehrere Arme zum
Logone abzweigt, wie denn einige neue Karten eine Verbindung
dieses Flusses mit dem östlichen Logone zeigen. Immerhin bedarf das Scharibecken an manchem Punkte noch der eingehen-
deren Erforschung, um endgültig über die einzelnen Fragen ent-
scheiden zu können. Interessant ist es zu sehen, wie sehr die
verschiedenen Karten von »Congo français« — sowohl gleichzeitig verfasste als auch ihrer Herstellungszeit nach wenig aus-
einanderliegende — von einanderabweichen. Etwas südöstlich
von der Mündung des Bahr Sara mündet der Auk auf der
rechten Schariseite. Er kommt aus den Bergen an der Ostgrenze Dar Runga's gegen Aegypten und führt in seinem Quell-

1) cf. Bulletin du comité de l'Afrique française 1902, 287.
2) Clozel in „Tour du monde" 1895.
3) cf. Wsuters in „Mouvement géographique" Brüssel 1898, 17.
4) cf. Dr. Huot in „la Géographie 1901, 3.
5) cf. Bruel in „Bulletin Afrique française" 1902, 223 ff.

gebiet wohl auch den Namen Bungul. Auf seinem westlich
gerichteten Lauf durchfliesst er ein weites Sumpfgebiet, bekannt
unter dem Namen Mamun. Die ganze Gegend von über 150 km
Länge ist zur Regenzeit in einen See verwandelt. Ein 4 km
langer und 80 m breiter Moorsee führt noch speziell den Namen
Mamun. Das für die Bewohner selbst unheimliche Land ist von
Forschern wenig besucht worden. Chevalier [1]) lernte es als erster
Europäer von N'dele aus kennen. — Der Schari verbreitet sich
von Archambault stromabwärts immer mehr und empfängt als-
bald seinen einzigen Zufluss aus Wadai, der ihm alljährlich noch
etwas Wasser zuführt, den B a h r B a l a m a t. Dieser Fluss hat
allerdings meistenteils kein Wasser. Dann bildet er einzelne
Tümpel, in denen Krokodile und Flusspferde — oft zu 30—40
Stück — friedlich nebeneinander hausen. In der Regenzeit wälzt
sich der Bahr Salamat träge dahin. Er hat ein breites Bett
mit 4—5 m hohen Ufern in den Tonboden eingegraben und fliesst
durch eine weite, kahle Ebene mit tonigem, für Wasser wenig
durchlässigem Boden dahin, der zudem noch von Rissen und
Mulden durchzogen ist. In diesem sammelt sich das Wasser
zur Regenzeit an und erfüllt die ganze Gegend mit Lachen. Das
grösste derartige Becken ist der »Lac Iro«, wenige Kilometer
nördlich vom Bahr Salamat. Der Iro ist in der Regenzeit wenig
zugänglich, weil die ganze, ungeheure Ebene in einen grossen
Sumpf verwandelt ist. —

Breiter und mächtiger strömt der Schari dahin. Bald
— bei 10⁰ N. — bemerkt man zuerst den Uebergang von der
reichen äquatorialen Flora zu den baum- und straucharmen Steppen
Kanems. Die »steppes herbeux« breiten sich längs des Flusses
aus. Dornige Mimosen und Akazien sind die charakteristischen
Merkmale der Uebergangsflora. Der Unterlauf des Schari, welcher majestätisch durch das Flachland dahinfliesst, weist viele
Sandbänke auf. Nicht weit von seiner Mündung in den Tschadsee
nimmt der Schari auf der linken Seite einen bedeutenden Nebenfluss auf, den L o g o n e. Dieser Fluss entwässert den westlichen
Teil des Scharibeckens etwa von 7⁰ an nordwärts. Er durchfliesst ein ausgedehntes, zu Ueberschwemmungen sehr geneigtes
Plateau, das namentlich zur Regenzeit von Sümpfen und Kanälen
durchzogen ist und zeitweilig eine Verbindung mit dem Bahr
Sara ebenso wie mit dem Benue durch ein ähnliches Zwischen-
terrain herstellt. Der westliche Quellarm des Logone kommt
aus Kamerun und entspringt unter 7⁰ N. und 13⁰ 10' O.
Das Quellgebiet des westlichen Logone — er wird auch Bini

---

1) La Géographie 1903. Chevalier, „Le Dar Kouti".
La Géographie 1903. Chevalier, „Itinéraire à travers le Dar Banda".

genannt — ist von Flegel und Mizon erforscht worden, welch letzterer die Quelle des westl. Logone bei N'gaundere — in 1000 m Seehöhe — berührte. Er ist für die Schiffahrt weit bedeutender als der östliche Logone, dessen Quelle auf französischem Gebiet in der Nähe der Kamerungrenze liegt (etwa unter 7⁰ N.). Ueber die Stellung des östlichen Logone im Scharisystem ist man sich noch nicht recht klar. Die Einen sagen, er verwandle zur Regenzeit seine Umgebung in einen grossen See, der sich wieder zum Logone entleere. Andre behaupten, der östliche Logone stehe zeitweilig mit dem Bahr-Sara in Verbindung. Dies scheint tatsächlich der Fall zu sein, da die Eingeborenen versichern, man könne zu Schiff vom östlichen Logone durch die Somniederung und einen toten Arm des Babo zum Bahr-Sara gelangen. Der Babo, ein Bahr-Sarazufluss, soll sich bei Koko in zwei Arme teilen, von denen der eine den Bahr-Sara erreicht, während der andre als Ba-Palem oder Ba-Illi etwa bei 10⁰ N. seinerseits wieder zwei Arme bildet. Dann mündet der eine bei Maffeling in den Schari; der andre Arm fliesst dagegen zwischen Logone und Schari dahin und nimmt nochmals eine Zweiteilung vor derart, dass der östliche Arm den Schari bei Mandjafa erreicht und der westliche seine Wasser bei Kuku in den Logone ergiesst. — Welch ein Gewirr von Wasserläufen, Sümpfen und Kanälen! Wie lange wird es dauern, bis hier eine definitive Scheidung der einzelnen Wasseradern gelungen ist! Denn zur Regenzeit sieht man weit und breit nur Wasser; in der Trockenheit das krasseste Gegenteil: alles ist ausgetrocknet und lässt erst recht eine richtige Deutung der Flussläufe vermissen. — Der Logone ist nach der Vereinigung seiner beiden Quellflüsse unter 9⁰ 7' N. zu einem stattlichen Strom angewachsen. Hat er doch an seinem Unterlauf eine Breite von 450 m erreicht. Bei Hochwasser tritt er weit über seine flachen Ufer hinaus. Diese Tatsache führt uns auf die interessante Frage einer Verbindung zwischen Benue und Schari.

Etwa unter 9⁰ 55' finden wir den Tuburrisee auf den Karten verzeichnet, in welchen sich zur Regenzeit ein Arm des Logone abzweigt, oder richtiger gesagt: dessen Verbindung mit dem Logone die Regenperiode mit Hilfe zahlreicher Kanäle in einem flachen Terrain begünstigt. Zur Trockenheit bildet der Tuburri eine durch fortlaufende Kanäle verbundene Seenkette, die sich in der feuchten Jahreszeit in ein weites, mit Wasserpflanzen bedecktes Seebecken verwandelt. Der Tuburri hat einen A b f l u s s zum Benue, der von den Fellachen Mayo-Kebbi genannt wird. Bald, nachdem dieser den Tuburri verlassen, stürzt er sich zum Benue hinab in einer Reihe von Stromschnellen und einem

50—60 m hohen Wasserfall. Bei günstigem Regenfall ist es möglich, vom Logone zu Schiff durch den Tuburri zum Benue-Niger zu gelangen, wobei allerdings die Stromschnellen des Mayo-Kebbi — sie erstrecken sich etwa auf 20 km — umgangen werden müssen. Dieser Versuch, auf dem genannten Weg von der Nigermündung zum Tschadsee zu gelangen, ist zuerst von Lenfant im Jahre 1903 gemacht worden und zwar mit glänzendem Erfolge. — Mag immerhin diese Verbindung des Atlantischen Ozeans mit der Tschadseeregion eine intermittierende sein, abhängig von reichlichem Regenfall, so wird sich doch mit nicht allzugrossen Kosten eine Wasserstrasse zum Inneren Afrikas herstellen lassen, welche der Erschliessung des Tschadseegebietes grosse Dienste leisten würde und deren Bedeutung sich heute noch kaum übersehen lässt, da durch die neue Verbindung der ungeheure Kostenaufwand eines Warentransportes über den Congo-Ubangi-Schari wesentlich verringert würde.

Wenig unterhalb der Mündung des Logone bei Fort Lamy beginnt die Deltabildung des Schari. Er ergiesst seine Fluten in vielen Armen in den Tschadsee, den noch bis vor wenigen Jahren mysteriösen Binnensee auf der Grenze zwischen Sudan und Sahara. Dieser See stellt bei einer Ausdehnung von 16 000 qkm — etwa die Grösse der beiden Grossherzogtümer Mecklenburg-Schwerin und Strelitz — den Ueberrest eines weiten Binnenmeeres dar, das in der Vorzeit eine ungeheure Ausdehnung hatte. Chevalier[1] welcher die grosse, wissenschaftliche Expedition in das Schari-Tschadseeterritorium leitete, sagt über diesen See: »Man kann den Tschadsee nicht schlechthin als einen See ansehen. Er ist vielmehr als ein Geflecht eines Schariarmes zu betrachten, der einstmals durch das jetzt ausgetrocknete Bett des Bahr el Ghasal floss, an der Südwestseite des Tibestimassivs Borku umging und, nachdem er die lybische Wüste durcheilt, das Mittelmeer an der grossen Syrte erreichte.« — Inwieweit diese Theorie Chevaliers gerechtfertigt ist, darüber lässt sich vorerst kein abschliessendes Urteil fällen. Tatsache ist jedenfalls, dass man im ganzen Norden von Wadai und in allen benachbarten Gegenden grosse Lager von Hausteinen und gut geschnittenen Bausteinen aus praehistorischer Zeit gefunden hat, (ähnliche Lager entdeckte Schweinfurth[2] in Oberägyten), die auf eine blühende Kultur in grauer Vorzeit schliessen lassen. — Der Tschadsee[3] hat die Gestalt eines rechtwinkligen

---

1) cf. „La Géographie" 1904, Chevalier: „Voyage dans la région du Tchad". La Géographie 1904, Chevalier: „De l'Oubangui vers le lac Tchad à travers le bassin du Chari".

2) Schweinfurt bereiste im Jahre 1864/66 Aegypten und Nubien und weilte 1868 „im Herzen Afrikas". Dr berichtet über die Njam-Njam.

3) Die Wasserfläche wird von Chevalier auf 20 000 qkm, von Dr. Lenz (in Seobels Handbuch zu Andrees Handatlas) auf 27 000 qkm angegeben.

Dreiecks. Die Tiefe ist äusserst gering. Seine Wasser zeigen oft — je nach Jahreszeit und Untergrund — eine verschiedenartige Färbung: gelblich — diese Farbe ist für die Südwestecke des Sees charakteristisch — und schwärzlich vor allem im Norden und Osten an dem alten Bahr-el-Ghasalaestuarium. Viele, gutbevölkerte Inseln finden sich namentlich an der Südostseite. — Der Bar-el-Ghasal ist ein altes, ausgetrocknetes Flussbett von bedeutender Ausdehnung Einstmals reichte er bis tief in das Herz der Sahara hinein und führte, nachdem er Borku im Osten umgangen, seine Wasser durch die lybische Wüste dem mittelländischen Meere zu. Man wird kaum fehlgehen, wenn man den Bahr-el-Ghasal als einen alten Schariarm ansieht. Noch jetzt ist sein altes Flussbett — es ist bei Massakori im Osten des Tschadsees 1—2 km breit und hat 10 m hohe Ufer — auf etwa 500 km vom Südosten des Tschadsees in nordöstlicher Richtung in die Sahara hinein zu verfolgen. Nichts als das Bett ist geblieben. Der Bahr-el-Ghasal führt den Tschadsee kein Wasser mehr zu. Es geht ihm wie den zahllosen Kanälen und Flussläufern in Bagirmi. Sie sind fast alle ausgetrocknet, die alten Schariarme wie Bahr Erguig, Bata Laïri und das grosse Kanalnetz, das sich zwischen ihnen und dem Schari ausdehnte und dem ganzen Lande einstmals das Aussehen der »Niederlande« gab. — Nur in günstigen Jahren führen Bahr Erguig und Bata Laïri etwas Wasser; doch schon nach wenigen Wochen hört das Fliessen auf, und der Rest des Wassers sammelt sich in einigen, wenigen Vertiefungen der Flussbetten (sogen. „Rahat"). — Ein gleich trauriges Dasein führt der Bata. Er kommt aus Wadai und erreicht nur noch den Lac Fittri, während er einstmals, von vielen Zuflüssen gespeist, dem Tschadsee seine Wasser im Südosten zuführte. — Und wie lange noch wird es dauern, — dann ist auch der Tschadsee verschwunden! Die Dauer seiner Existenz ist nur noch eine Frage der Zeit. Ein deutlicher Rückgang der Ausdehnung ist jetzt schon wahrnehmbar. Wie allmählich die zahlreichen Flüsse im Osten des Schari-Tschadsees versandet und mit Alluvionen ausgefüllt sind, die das an sich geringe Wasser bei dem äusserst schwachen Gefälle im Sande verschwinden lassen, so wird auch der Tschadsee vielleicht schon in einigen Jahrhunderten durch Sandmassen und Alluvionen vollkommen eingeebnet sein — das Schicksal des einstmals so ausgedehnten Sudanmeeres! Und was wird dann?! — Das einzige, was die Länder der Schari-Tschadseedepression davor schützt, von der Wüste Sahara an sich gerissen zu werden, ist lediglich das Wasser. Deshalb wird Frankreich guttun, wenn es bei Zeiten sorgt und in diesen Gebieten ebenso, wie es in den der Sahara zugewandten Teilen Algeriens geschehen ist, künstliche Brunnen anlegt.

Klima.

Den vier Stufen, welche wir bei den orohydrographischen Verhältnissen unterschieden haben, entsprechen auch vier Klimazonen. Mit vielen Küstenländern der Tropen teilt das Küsten- gebiet des »Französischen Congo« ein äusserst ungesundes, feucht- heisses Klima. Je weiter man ins Innere des Continentes vor- dringt und je höher man damit steigt, desto erträglicher wird das Klima für den Europäer. Die Hitze ist nicht mehr so drückend, die Luft nicht mehr bis zur Sättigung mit Wasser- dampf erfüllt, kurzum: Die Luft wird immer trockener und ge- sünder. An der Küste herrscht ebenso wie am Congo fast stets die gleiche Temperatur, die nie unter 20^0 sinkt, ja selbst nachts keine grosse Abkühlung gegenüber der Tagestemperatur zeigt, ganz im Gegensatz zu den Plateaulandschaften im Innern der Colonie, wo sich Differenzen zwischen Tageshitze und nächtlicher Abkühlung bis 17^0 C. zeigen. In den Gegenden unter dem Aequator lassen sich nur zwei Jahreszeiten unterscheiden: Eine Regenzeit, die vom 15. September bis zum 15. Mai dauert, und eine Trockenzeit vom 15. Mai bis 15. September. Das ist die allgemeine Regel! — Trotzdem muss man sich diese Regen- periode nicht als eine kontinuierliche Kette von Tagen mit un- unterbrochenem Regen und täglichen Gewittern denken, — im Gegenteil! Ebenso wie in die Trockenzeit einige Regentage — eine Zeit des Rückschlags — fallen, hat auch die Regenperiode einzelne vollständig regenlose Tage. Meist treten während der Regenzeit nachmittags zwischen 4 und 6 Uhr heftige Gewitter auf. Schwarze Wolken erscheinen im Nordosten. Rasch ver- finstert sich der Himmel. — Ein Sturmwind erhebt sich. — Blitz folgt auf Blitz. — Unheimlich rollt der Donner. — Dann beginnt es in heftigen Strömen zu regnen, und gleichzeitig lässt das Gewitter allmählich nach. Es wird wieder hell. — Die ganze Landschaft erscheint, sobald es im Verlauf von wenigen Stunden aufgehört hat zu regnen, in wunderbarer Frische und Klarheit. In der Trockenzeit ist der Himmel im Bereich der Küste und

des Congobeckens stets bedeckt infolge des grossen Wasserdampf-
gehalts in der Luft; doch kommt es höchst selten zu einem
leichten Regen.

Wie ganz anders sind doch die Bedingungen für das Klima
der Plateaulandschaften, vor allem im Norden des Ubangibeckens.
Dort führt die Trockenperiode mit Recht ihren Namen. Der
Wasserdampfgehalt erreicht in der weiten Hochebene ein Minimum, weil nicht das Meer und gewaltige Ströme wie Congo und
Ubangi für eine grosse Zufuhr desselben sorgen. Deshalb treten
auch im Norden der Colonie grössere Extreme zwischen Tages-
und Nachttemperatur ein. Hier sind Temperatur- und hydro-
graphische Verhältnisse aufs innigste miteinander verknüpft. Nördlich vom Ubangibecken sind die Flüsse in der Trockenzeit wasser-
arm, ja zum Teil ausgetrocknet. Der Boden ist ausgedörrt und
rissig, die Luft weit untersättigt. Kaum ist in diesen Gegenden
die Regenzeit vorbei, so ist namentlich in Bagirmi, Kanem und
Wadai kaum eine Spur von Feuchtigkeit wahrzunehmen, welche
doch den Küstenlandschaften und dem Congobecken im Zusammenhang mit der Urwaldregion niemals fehlt. — In letztgenannten
Gebieten tritt in dem Masse, in welchem man sich aus ihnen
polwärts entfernt, die Scheidung in 4 Jahreszeiten ein. Man
beobachtet nördlich vom Aequator eine grosse Regenperiode, eine
kleine Trockenzeit, kleine Regenperiode und grosse Trockenzeit.
Das Umgekehrte ist im Süden des Aequators der Fall.

Nachdem wir im Vorhergehenden die Grundzüge des Klimas
im französischen Congogebiet hervorgehoben haben, mag nun eine
genauere Charakterisierung der natürlichen Unterabteilungen des
weiten Gebietes folgen, soweit dies an der Hand der genaueren
meteorologischen Beobachtungen einzelner Forscher auf wenigen
meteorologischen Stationen möglich ist. Wir unterscheiden hiernach

    1) **Die Küften= und Flußregion** und
    2) **die Plateau=, Savannen= und Steppenlandfchaft.**

I. Für die Küstenregion stehen die meteorologischen Beobachtungen in Libreville am Aestuarium des Gabun zur Verfügung,
deren Ergebnisse für das Jahr 1903 hier folgen. Hier unterscheidet man zwei Zeiten: Eine trockene Jahreszeit von Juni bis
Oktober und eine feuchte von Oktober bis Ende Mai. Fast nie
sieht man einen klaren Himmel. Immer, selbst in der
Trockenzeit, zeigt das Firmament eine bleigraue Färbung. Der
Wasserdampf der Luft hat an der Küste einen ungemein hohen
Gehalt angenommen. Einerseits macht dieser Umstand den Aufenthalt für den Europäer erst möglich, da ohne ihn und die
beständige Bedeckung des Himmels die Sonnenstrahlen geradezu
versengend wirken würden, während so die mittlere Jahrestem-

peratur nur 25,5 bis 25,9⁰ beträgt. Andrerseits aber bewirkt diese gleichmässige Erwärmung grosser Wasserflächen und hohe Spannung des Wasserdampfes nur äusserst geringe Extreme zwischen Tages- und Nachttemperatur, da sich gerade der Wasserdampf der Wärmeausstrahlung des Bodens hinderlich in den Weg stellt. Die Regenzeit ist die unangenehmste, weil gerade in dieser Zeit das Thermometer seinen höchsten Stand erreicht. Die Trockenperiode hingegen lässt sich wegen der niedrigeren Lufttemperatur während des Tages und der bedeutenderen Temperaturerniedrigung in der Nacht leichter ertragen. Die meisten Regentage haben Oktober und November — über 20 —: (Oktober 1899 — 28 —; Oktober 1900 — 24 —; Oktober 1902 — 27 —; November 1902 — 26 —). — Die grösste monatliche Regenmenge fällt in der Regel im März—April: April 1898 — 405 mm; April 1899 — 559 mm; März 1900 — 342 mm; März 1901 — 609 mm). Die jährliche Regenhöhe ist bedeutend (1899 — 2,408 m; 1900 — 2,402 m; 1901 — 2,516 m; 1902 — 2,673 m; 1903 — 2,456 m). Die Beobachtungen haben ergeben, dass die Niederschlagsmenge von der Grenze Kameruns nach Süden bedeutend abnimmt. So wies Cap St. Juan etwa 3 m, Gabun 2,51 m, Loango 1,58 m auf. Der mittlere Luftdruck am Gabun beträgt 758,6 mm.

Meteorologische Beobachtungen zu Libreville im Jahre 1903.

Lage der Beobachtungsstation (9⁰ 26′ 10″ O., 0⁰ 23′ 15″ N. 31 m Seehöhe).

1903	Mittlerer Barometerdruck		Mittlere Temperatur im					Absolutes		Mittlere relative Feuchtigkeit.		Regen	
	8 ham	4 hpm	8ham	4hpm	Min.	Max.	Mon.	Min.	Max.	9ham	4hpm	-höhe	-tage
Januar	757,3	754,3	26,3	28,4	24,2	30,3	27,2	22,2	31,7	91,3	81,7	217,1	14
Februar	758,5	755,4	26,5	28,3	24,1	30,3	27,2	22,7	31,7	88,9	80,8	360,4	15
März	757,1	754,0	26,2	28,2	23,7	30,5	27,1	22,0	31,9	90	80,4	358,2	19
April	756,8	754 0	25,8	27,4	23,1	30,2	26,6	21,6	31,9	88,6	81,6	346,7	23
Mai	758,3	755,6	25,4	27,4	23,6	29,4	26,5	22,3	31,0	85,7	79,8	87,7	12
Juni	760,4	757,7	23,2	25,2	21,7	27,6	26,6	19,6	30,2	79,1	75,9	1,2	1
Juli	760,5	757 9	23,0	25,0	21,4	27,0	24,2	20,5	28,1	80,8	76,0	4,9	3
August	760,0	757 0	23,4	25,5	21,8	27,8	24,8	20,8	30,0	80,9	75,1	23,7	9
September	759,8	756,9	24,6	26,4	22,9	28,8	25,8	20,8	30,8	83,1	77,1	54,4	10
Oktober	758,8	755,7	24,5	26 3	22,7	28,5	26,6	20,5	30,8	89,8	81,1	450,8	22
November	757,7	754,6	24,8	26,6	22,8	28,6	25,7	20,8	30,2	87 4	81,2	209,3	22
Dezember	756,9	754,0	25,1	26,9	23,1	29,0	26,0	21,0	30,4	88,0	81,1	242,7	18
Jahr	758,6	754,6	24,9	26,8	22,9	29,0	25,9	19,6	31,9	86,1	79,5	2456,8	168

II. Das Klima im Gebiet nördlich vom Ubangi.

Während am Gabun und Congo die Trockenzeit in die Monate Mai bis September fiel, ist das Umgekehrte im Schari-Tschadseeterritorium der Fall. Hier regnet es nur von Juli bis Oktober, und in der übrigen Zeit herrscht die Trockenzeit vor. Es gibt also auch hier zwei deutlich geschiedene Jahreszeiten, doch haben diese eine ganz andre Lage und Bedeutung. Am oberen Ubangi (bei Mobaye 5° 19′ N.; 21° 26′ O.; 400 m Seehöhe) dauert die Trockenzeit kaum einen Monat; bei Fort Crampel (7° N., 19° 20′ O., 450 m Seehöhe) 2—2$\frac{1}{2}$ Monate; bei Fort Archambault (am linken Ufer des Schari in 380 m Seehöhe) 3$\frac{1}{2}$—5 Monate, bei Say (9° 24′ N., 16° 24′ O.) 5—6 Monate. Die Regenzeit wird also immer kürzer, je weiter man nach Norden fortschreitet; in noch grösserem Masse vermindert sich die Niederschlagsmenge. Es ist der Uebergang zur Steppe und Wüste. Auffallend ist der Unterschied in der Anzahl der Regentage nördlich und südlich des 7° N. Im Süden des 7° fällt etwa an 110 Tagen Regen; im Norden bei Fort Archambault an 76 Tagen, bei Say an 88 Tagen; nur an 14 Tagen bei Bir Alali (19° 24′ N., 14° 24′ O.), während die jährliche Regenmenge gleichzeitig von Süden nach Norden eine Abnahme erfährt von 1,40—1,60 m im Süden zu 1,10 m (Fort Archambault). Der nördliche Teil der Colonie ist besser gestellt hinsichtlich seiner gesundheitlichen Verhältnisse gegenüber dem Süden, der Region der grossen Stromsysteme und der Meeresküste. Konnte man im Süden, unter dem Aequator, von einer täglichen Wärmeschwankung infolge der viel gleichmässigeren Erwärmung grosser Wasserflächen nicht reden, mithin an eine Erholung des angegriffenen Körpers in einer kühleren Abendluft nicht denken,[1]) so ist der Norden, das Schari-Tschadseegebiet, in jeder Beziehung glücklicher gestellt. Wenn auch im Norden der Colonie die Hitze grösser ist als in den äquatorialen Gebieten[2]) und oft 40° erreicht, so wirkt doch die grössere Trockenheit der Luft und die bedeutende Abkühlung in der Nacht —- manchmal 17° niedriger als die Tagestemperatur — wohltuend auf den menschlichen Organismus. Ein beständiger Ostwind weht während der Trockenzeit und macht die Tageshitze nicht so empfindlich.[3]) Das absolute Wärmeminimum war bei Fort Sibut — 7,7° -- im Jahre 1903, das absolute Maximum — 40,2° —-. Fort Crampel zeigte ein absolutes Minimum von

---

1) Dazu kommt noch, dass die Sumpf- und Wasserflächen, sowie auch die feuchte Urwaldregion Tausende und Abertausende von Insekten und fiebererzeugenden Miasmen herbergen und ausatmen
2) Réclus verlegt den thermischen Aequator 250 km nördlich von Gabun, M. Ferris auf 5° N.
3) Vergleiche auch „Annuaire de la Société de météorologie", 1902, 69 ff., Bruel, Note sur la météorologie du Haute-Chari und „Bulletin de la société de météorologie" 1905, Nov., Bruel, sur la météorologie du Haute-Chari.

9,8° und ein absolutns Maximum von 45,1° im Jahre 1900;
1903 waren die entsprechenden Zahlen — 9,2° und 41,1° —.
Fort Archambault wies im Jahre 1898 die Wärmeextreme von
15° und 38° auf; 1903 13.2° und 41,6°. Mobaye hatte 1900
eine niedrigste Temperatur von 9,6° und eine höchste von 45,1°.
Der Barometerstand im Norden der Colonie ist ein sehr niedriger.
In Mobaye schwankt das Barometer zwischen 726 und 731,6 mm,
in Fort Sibut zwischen 724,8 und 728,4 mm, in Fort Crampel
zwischen 724,2 und 730,4 mm, in Fort Archambault zwischen
727,3 und 731,5 mm und in Laï zwischen 729,1 und 732,1 mm.

Meteorologische Beobachtungen in **Lai** (Moyen Logone) 1903/4.

9° 24′ N., 16° 24′ O.

| Monat | Temperatur | | | | | | | | Luftdruck | Regen- tage | höhe |
| | Minimum | | | Maximum | | | Mittel | | | | |
	Mitt-leres	Niedrig-stes	Höch-stes	Mitt-leres	Niedrig-stes	Höch-stes	S h.a.m.	der Extreme			mm
1903											
Juni	—	—	—	—	—	—	—	—	730,5	11	—
Juli	—	—	—	—	—	—	24,24	—	732,0	15	150,0
Auguft	17,3	12,0	23,0	—	—	—	22,53	—	731,3	18	305,8
September	13,5	12,0	16,0	—	—	—	21,51	—	731,3	18	449,0
Oktober	11,2	9,5	16,0	—	—	—	20,84	—	730,7	6	19,0
November	13,8	12,0	15,5	—	—	—	21,48	—	730,5	—	—
Dezember	16,0	13,2	18,9	—	—	—	22,24	—	729,7	—	—
1904											
Januar	13.6	11,1	18,2	—	—	—	19,94	—	729,3	—	—
Februar	12,0	9,5	13,9	—	—	—	10,3	—	729,6	—	—
März	12,9	11,0	17,1	—	—	—	25.0	—	729,3	3	35,0
April	20,6	16 2	22,5	28,7	24,8	31,4	26,35	24,63	729,1	3	20,8
Mai	22,0	20,7	23,2	29,6	26,1	33,4	24,17	25,77	729,3	14	137,8

Meteorologische Beobachtungen im Fort **Crampel** (Haut Chari)

7° N., 19° 20′ O., 450 m Seehöhe.

1903 04											
Februar	13,6	9,2	22,4	38,2	31,3	41,1	21,9	25,9	730,4	—	—
März	—	—	—	—	—	—	—	—	—	—	—
April	21,8	14,1	26,3	31,5	31,8	42,0	26,0	29,6	727,4	—	—
Mai	22,4	20,2	25,4	33,7	29,6	36,3	24,9	28,1	723,9	—	—
Juni	21,3	18,8	24,0	31,7	29,0	34,8	23,3	26,3	725,4	—	—
Auguft	19,6	18,0	21,0	31,3	27,2	35,0	22,0	26,0	725,1	—	—
September	19,6	16,7	21,1	32,7	25,0	35,6	21,6	26,2	724,2	—	—

Meteorologische Beobachtungen im Fort Archambault 1903/04
(auf dem linken Schariufer)
9⁰ 11′ O., 18⁰ 29′ N. 380 m Seehöhe.

Monat	Temperatur Minimum			Maximum			Luftdruck Mittel		Regentage	Regenhöhe mm
	Mittleres	Niedrigstes	Höchstes	Mittleres	Niedrigstes	Höchstes	8 h.a.m.	der Extreme		
1903										
März	—	—	—	—	—	—	29,2	—	727,2	—	—
April	25,1	21,5	27,3	38,6	29,0	41,6	28,7	31,8	727,3	—	—
Mai	25,2	22,1	28,2	36,5	33,5	38,1	27,9	30,9	727,4	—	—
Juni	—	—	—	—	—	—	—	—	—	—	—
Juli	21,1	17,5	23,2	31,4	28,0	34,0	24,1	26,3	730,8	13	321,4
Auguft	21,3	19,2	24,0	29,7	25,0	32,1	23,7	25,5	730,8	12	203,3
September	21,3	18,5	22,6	30,6	26,4	33,7	23,6	26,9	731,0	15	283,0
Oktober	20,6	17,7	23,3	33,0	29,0	35,3	24,5	26,8	729,7	2	7,4
November	19,0	16,5	29,9	34,8	32,0	36,7	24,4	26,9	728,5	1	30,6
Dezember	17,4	14,8	21,9	35,0	33,0	37,0	22,8	26,3	727,6	—	—
1904										
Januar	16,4	13,2	21,0	35,2	29,2	37,7	20,8	25,8	728,4	—	—
Februar	16,1	13,5	20,5	35,8	31,6	40,6	22,3	26,0	728,9	—	—
März	21,5	17,5	25,5	38,0	34,0	41,1	27,6	29,8	727,6	3	3,6
April	23,1	20,3	27,3	37,0	30,0	39,4	28,7	30,1	727,9	8	9,6
Mai	22,4	18,8	24,5	34,3	26,0	36,8	26,3	28,3	729,1	12	73,4
Juni	22,0	19,0	23,8	32,4	28,7	36,8	25,3	27,2	731,5	10	127,1
Juli	21,2	20,7	25,8	32,1	28,9	33,6	24,1	26,6	731,8	—	—
Mittel aus den Beobachtungen	20,2	—	—	34,8	—	—	24,5	27,5	—	76	1069,6

Flora.

Auf diesem Gebiete bleibt den Forschern noch das meiste zu tun übrig. Immerhin gestatten die namentlich in den letzten Jahren aufs eifrigste betriebenen botanischen Studien eines Chevalier, einen kurzen Abriss über den allgemeinen Vegetationscharakter des französischen Congogebietes zu geben.

Auch hier ist, dem Klima entsprechend, eine deutliche Scheidung in einzelne grosse Zonen wahrzunehmen. Dem regenreichen Gebiete gehört die Urwaldregion an mit ihrer wunderbaren Ueppigkeit und Mannigfaltigkeit, mit ihren uralten Baumriesen und dem dichten Lianengeflecht. Ein ganz anderes Bild zeigt die Savannenlandschaft. Saftiges Grün bedeckt das leichtgewellte Plateau. Hier und da erscheint vereinzelt oder in Gruppen der Baobab oder Affenbrotbaum (Adansonia digitata), die auffallendste Baumgestalt Afrikas. An den Flüssen sieht man breite Bänder der üppigsten Urwaldflora, die sogenannten »galéries forestières« oder Galeriewälder [1]). Ganz andren Eindruck gewinnen wir von den weiten Grassteppen, von den Franzosen »la brousse« genannt. Im struppigen Gras stehen verkrüppelte Sträucher, Euphorbiaceen und Eriodendren oder Wollbäume, die kaum über die Gräser hinausragen. Im Norden des Aequatorialwaldes folgt die sogen. Guineazone. Ueber sanftgewellte Hügel einer Plateaulandschaft dehnen sich weite Savannen aus, ein Eldorado für den Jäger, der hier eine geradezu fabelhafte Fauna vertreten findet. Nach Norden zu schliesst sich an die Guineazone die reichbevölkerte sudanesische Zone mit ihren sorgfältigen Reis-, Mais-, Sorgho-, Sesam- u. s. w. Kulturen an, ein aussichtsreiches Land, wichtig für die Zukunft der französischen Colonie. Diese Zone reicht etwa bis 10° N. Von dort an macht sich der Uebergang von den reichen Landschaften des Südens zu dem öden, sandigen Landschaftsbilde der Sahara geltend. Die Vegetation ist arten-

---

[1) Durch Schweinfurth sind wir zuerst mit den Galeriewäldern näher bekannt geworden. Auch Peschuel-Loesche hat sie uns in den Erinnerungen seiner Afrikareisen geschildert.

arm. Steppengräser und vereinzelte krüppelhafte Sträucher sind ihre Hauptvertreter in diesen unwirtlichen Gegenden. Kaum einige Monate fristen sie ein kümmerliches Dasein, im Norden des 12⁰ sogar nur kurze Wochen. Dann treten wir nördlich von Kanem in die Sahara ein. Kanem selbst bildet schon die Schwelle. Ueberall zeigen sich in den baum- und strauchlosen Sandflächen die langen, oft 50 m hohen Sanddünen, die Brandung der Sahara. Hier und da verstreut finden wir Oasen, um welche sich die Wohnstätten der Bevölkerung gruppieren.

Der Aequatorialwald [1]. Es kann nicht im Sinne dieser Arbeit liegen, eine Schilderung des Aequatorialwaldes zu geben. Hier müssen wir uns darauf beschränken, die wichtigsten Vertreter der Urwaldflora näher zu charakterisieren. Der Urwald zieht sich gleich einem grünen Bande längs der Küste dahin, das nach Süden zu, im Mayumbawalde, eine Breite von 150 km erreicht. Während das Land nördlich vom Ogowe von dichtem Urwald bedeckt ist, stellt das Quellgebiet des Ogowe, Alima und Kuilu nur ein weites, baumloses Hochplateau dar, das Land der Bateke und das Plateau von Aschicuya. Steigt man nun in das Depressionsgebiet des Congobeckens hinab, so wird sofort klar, dass gerade dieses der eigentliche Boden für die tropische Urwaldvegetation ist. Doch die französische Colonie hat nur wenig Anteil an dem centralafrikanischen Urwald. Wohl zeigen sich auch Congo, Alima, Sanga, Ubangi auf französischer Seite von einem Urwaldstreifen eingesäumt, aber ihre eigentliche Fortsetzung findet die Urwaldregion erst im Congostaat. Etwa bis 4⁰ N erstreckt sich die tropische Urwaldzone, um nach Norden zu von der Savannenlandschaft abgelöst zu werden.

Welch ein Reichtum ist in diesem Urwalde verborgen! Alles bietet er dem Neger. Hier findet er seine Nahrung, Kleidung, Wohnung und die Befriedigung seiner sonstigen Lebensbedürfnisse. Die Holzreichtümer liefern ihm das Material für den Hüttenbau, die lederartigen Blätter der Raphia vinifera decken ihm das Dach. Aus dem weichen Kaholz verfertigt er sein Kochgeschirr. Andre Bäume liefern das Holz zu den Schilden und die Farbe, ihn zu färben und sich selber zu bemalen (Pterocarpus erinaceus roter Santalbaum, 15—20 m hoch). Aus dem Holze der Boswellia Kleineana (Okume), des Sarcocephalus Diderrichi (gelbe Akazie), Eriodendron anfractuosum und der Khayu Senegalensis verfertigen die Eingeborenen ihre Boote. Das harz-

---

1) cf. : „La Géographie", 1902, V. 431—50 u. VI. 218—37, Breschin, la forêt tropical en Afrique dans les colonies françaises. Stanley: Im dunkelsten Afrika, Leipzig, Brockhaus. Roche : Au pays des Pahouins, Paris 1903. „Revue coloniale" nouveau série 1902/03 425. Dr. Cureau, Rapport sur les travaux de la mission française de délimitation du Congo-Cameroun.

reiche Holz dient ihnen zur Beleuchtung. Cula edulis, dessen Mandeln 25% reines Oel enthalten, gewährt dem Neger ein vortreffliches Nahrungsmittel, ebenso Sterculia loa Ballayi, Irvingia Gabonensis (Oba) — 40% Fettstoff, 20 m hoch —, Tamarindus indica und Elaeis guineensis. Andre Nahrungsmittel liefern dem Eingeborenen Anacardium occidentale, Anboya Gabonensis, Canarium Saphu, Cocos nucifera, vor allem die wildwachsenden Ananas und Champignons. Strophantus hispidus wird von den Fans zu Giftproben und zum Vergiften der Pfeile benutzt, ebenso Erythrophloeum guineense.

Was bietet der Urwald dem Europäer? Fast alle Baumarten könnten hier wieder aufgezählt werden, die als Bauholz oder zu Schreiner- und Tischlerarbeiten verwandt werden können, Bisjetzt ist der Holzreichtum wenig ausgebeutet worden. Fast die einzigen Hölzer, die bisher ausgeführt werden, sind rote Farbhölzer, insbesondere Barwood und Camwood (Baphia nitida), sowie das afrikanische Ebenholz (Diospyros sp.) und Boswellia Klaineana (Okume). Andre Vertreter der Urwaldflora liefern aromatische oder ölreiche Früchte. Unter letzteren hat bisher nur die Oelpalme (Elaeis guineensis) eine grössere Bedeutung gehabt. Die Früchte von Irvingia gabonensis Baill. sollen 40—60% Fett enthalten. Weit verbreitet ist die Baumwollstaude (Gossypium punctatum Schum). Die Eingeborenen bereiten hauptsächlich Säcke daraus. Bei der weiteren Entwicklung der Colonie wird sie wahrscheinlich mehr Beachtung finden als bisher. — Von grösster Bedeutung für das französische Congogebiet ist sein Reichtum an Kautschuk. Verschiedene einheimische Holzgewächse liefern den geschätzten Milchsaft, der sich an der Luft in Kautschuk verwandelt. In erster Linie kommen in Betracht die in der ganzen Urwaldregion verbreiteten Kautschuklianen aus der Gattung Landolphia (Familie Apocyneen). Ist auch die Artenzahl und das Verbreitungsgebiet im »Congo français« noch nicht hinreichend bekannt, so hat doch immerhin Chevalier schon ein reiches Material zur Erkenntnis dieser wertvollen Pflanzen gesammelt.[1] Ihr Verbreitungsgebiet geht weit über die Urwaldregion hinans. Auch Arten der zur selben Familie gehörigen Gattungen, Carpodinus und Kixia, weist das französische Congogebiet als Kautschukpflanzen auf.

Sehr gering ist die Anzahl der Kulturpflanzen, die vom Sanga zur Küste hin angebaut werden. Von den weitverbreiteten Knollengewächsen Maniok (Jatropha Manihot) und Batate (Batatus edulis) wird nur so viel angebaut wie eben zur Ernäh-

---

[1] cf.: Compte rendu de l'Académie des sciences, 1902, 461 Aug. Chevalier, Sur la liane à Caoutchouc des forêts du „Congo français‘‘

rung erforderlich ist. Bananen (Musa sapientum und Musa paradisiaca) findet man fast überall in der Nähe der Dörfer, ebenso Maisbau, aber nur in sehr geringer Ausdehnung. Hier und da kann man wohl die Erdnuss (Arachis hypogaea) sowie die verbreitetste afrikanische Oelpflanze, Sesamum orientale,[1]) finden. Ein wenig Zuckerrohr, einige Ananaspflanzen sind in der Umgebung vereinzelter Dörfer zu sehen. Ueberall wird Tabak angebaut, für den die Eingeborenen grosse Vorliebe haben.

Ein ganz anderes Bild zeigt sich, sobald man im Norden aus dem Aequatorialwald in die sogenannte Guineazone herausgetreten ist. Der Wald ist auf die Flussufer, die sogenannten Galeriewälder, beschränkt. Hier findet sich die Oelpalme, das Bambusrohr und das Pfefferrohr. Dort wächst der wilde Kaffee (nach Chevalier Coffea excelsa). Sonst herrscht überall die Grasfläche, bisweilen unterbrochen von dem Busch,[2]) der alljährlich von den Eingeborenen angezündet wird. Nördlich des 8. Breitegrades schliesst sich die sudanesische Kulturzone an die vorige an. Ueberall ist die Gegend auf's sorgfältigste angebaut. Die Felder sind von schönen Bäumen beschattet. Das Ganze macht den Eindruck einer weiten Gartenlandschaft. Sesam, Sorgho, Erdnuss, Pfefferrohr, Borassuspalme, kurz, alle Bäume des westlichen Sudan sind vertreten mit Ausnahme des Baobab, der hier nicht mehr vorkommt. Hin und wieder kann man den Busch, ja sogar die ersten Anzeichen der Sahara in dürren, unfruchtbaren Plateaus, wo erhärteter Lehm die Vegetation ausschliesst, wahrnehmen.

Den Uebergang von der sudanesischen Kulturzone zu den Steppen Kanems bildet das Gebiet zwischen 10⁰ und 13⁰ N. Der teils tonige, teils sandige Boden bringt wenige Gräser und Einjahrspflanzen hervor. Nur während der kurzen Regenzeit bedecken sich die kahlen Flächen mit magerem Grün. Die Eingeborenen dieser Gegenden bauen, so weit es möglich, Sorgho (Sorghum vulgare oder Durrha) und Negerhirse (Pennisetum typhoidum), Sesam (Sesamum orientale) und Erdnuss (Arachis hypogaea). Hin und wieder sieht man längs der Wasserläufe Reis- und Maisfelder. Auch die Baumwollstaude (Gossypium herbaceum) findet sich wohl in wildem Zustande. Vereinzelt kommen Tamarinden, Baobabs, Borassuspalme, Akazien und Sykomoren vor. — Kommt man endlich nach Kanem, dem Uebergangsland zur Sahara, so zeigt sich hier die nahezu graslose Steppe fast ganz ohne Vegetation. Ein wenig Hirse wird wohl

---

1) E. Vogel hat zum ersten Male über Sesam berichtet. 2) Schweinfurth, der die Gegenden am oberen Ubangi besuchte, hat zum ersten Male über diesen Busch berichtet. Die Franzosen nennen ihn „la brousse".

noch angebaut. Nur sehr selten begegnet man vereinzelten Sorghofeldern und anderen Kulturen. Etwas üppiger ist die Vegetation in der Nähe der Oasen, wie Mao und Bir Alali. Dort findet sich Baumwolle, Indigo und auch schon die Dattelpalme, die ein wichtiges Nahrungsmittel für die Bevölkerung darstellt. Die Inseln des Tschadsees gestatten den Anbau von etwas Sesam und Sorgho. Fast ausschliesslich liegt hier der Ackerbau in den Händen der Kuris.

Fauna.

Die Fauna des französischen Congogebietes ist eine derartig ausgedehnte, dass eine Aufzählung ihrer Vertreter einerseits viel zu ermüdend wäre, andrerseits aber auch einen viel zu grossen Raum in der Gesamtdarstellung einnehmen würde. Schon aus diesem Grunde müssen wir uns hier auf die hauptsächlichsten Glieder der Fauna und ihre Verbreitung beschränken. Unter den Raubtieren sind zu nennen der Löwe, Panter und Leopard, welche sich vorzugsweise in der Waldregion aufhalten, und die Wildkatze. — Die Vertreter der Dickhäuter sind Elefant und Flusspferd. Der Elefant tritt noch in den Savannenlandschaften des nördlichen Gebietes ziemlich häufig auf. Chevalier hat sogar am Tschadsee ein Rudel von etwa 50 Elefanten gefunden, eine grosse Seltenheit! —, da der Elefant allmählich verschwindet und auch bald wohl in diesen Gegenden nur noch eine zoologische Kuriosität sein wird. — Die Giraffe durchzieht in Herden von 5—8 Stück die weiten Plateaulandschaften bis zum Tschadsee hin. Aus der Familie der Wiederkäuer findet man viele Antilopenarten, ferner Büffel, lang- und kurzhaarige Ziegen und eine Art Schafe ohne Wolle. — Ratten und Mäuse sind wie überall die zahlreichen Vertreter der Nagetiere. Besonders bemerkenswert ist die Palmenratte, die mit Vorliebe die ölhaltigen Palmfrüchte verzehrt, und die Rohrratte. Auch das Stachelschwein und das Eichhörnchen sind hier zu erwähnen. Das atlantische Congogebiet mit Gabun ist die Heimat des Gorilla, des menschenähnlichsten Affen, ferner des Schimpansen und verschiedener Arten Paviane und Meerkatzen. — Ueberaus artenreich ist die Vogelwelt. Nördlich von 10° bis tief nach Kanem und Wadai hinein trifft man ein seltenes Tier, den Strauss, der in fast allen Dörfern des Tschadseeterritoriums wegen seiner Federn in einigen Exemplaren gezüchtigt wird. Nur selten findet man ihn herdenweise in jenen Gegenden. — Von zahnarmen Tieren seien genannt das Faultier und das grossschuppige Schuppentier (Manis Temminckii). Schlangen und andre Reptilien sollen zahlreich sein. Bis tief ins Innere der Colonie hinein begegnet man dem Krokodil, vor welchen nach den Berichten die Schwarzen wenig Furcht zeigen. Vollkommen schutzlos baden sie angesichts der Krokodile, ohne dass diese Tiere ihnen das geringste zuleide tun. Man hat diese Tatsache auf den grossen Fischreichtum der äquatorialen Gewässer zurückgeführt, die den Krokodilen hinreichend Nahrung bieten. Vielleicht ist ihnen aber auch der eigentümliche Geruch der Negerhaut zuwider. Krabben, Hummer. Languste, Einsiedlerkrebse sind die Hauptvertreter der Crustaceen. — Unter den Mollusca sind Muscheln und Austern hervorzuheben, die ebenso wie die Fische ein Hauptnahrungsmittel der Bevölkerung am Ubangi und Congo bilden.

Zum Schlusse bleibt es nur noch vorbehalten, über diejenigen Tiere zu sprechen, welche einerseits für die Viehzucht andrerseits als Lasttiere in Betracht kommen. Für die weitere wirtschaftliche Entwicklung der Colonie wird die Viehzucht von grosser Bedeutung sein. Augenblicklich kann man von einer rationellen Viehzucht nur in sehr beschränktem Masse reden. Hühner, Enten, Ziegen, Schafe finden sich vereinzelt, zum Teil in halbwilden Zustande, bei den Eingeborenen der Urwaldregion. Je weiter man nach Norden in die Sudanlandschaften gelangt, kommt bei einer fortgeschritteneren Kultur der islamisierten Neger wie der Ackerbau so auch die Viehzucht zur Geltung. Im Schari-Tschadseegebiet werden Rinder, Schafe, Ziegen, ja Pferde und Straussen gezü htet. Die Bewohner der Tschadseeinseln treiben fast ausschliesslich Viehzucht.

Doch nicht nur für den häuslichen Wohlstand würde eine Vermehrung dieses Erwerbsquells von Bedeutung sein, sondern mindestens in gleichem Masse für V e r k e h r s z w e c k e. Vor allem könnten Rinder und Pferde grosse Dienste leisten bei den geringen Transportmitteln, die im Verhältnis zu der enormen Ausdehnung der Colonie zu Gebote stehen. Wenn auch das Pferd das Küstenklima weniger gut zu ertragen scheint und mithin mehr im Innern, vor allem im nördlichen Teile der Colonie Verwendung finden müsste, so würden immerhin die Ochsen einen Ersatz für sie bieten. Mit ganz hervorragendem Erfolge hat man den Esel als Lasttier verwendet, der die Unbillen eines feuchtheissen Klimas mühelos zu ertragen scheint und durch seine Genügsamkeit für die Steppe passt. In erster Linie sollte man sich zur Beförderung der Lasten eines Tieres bedienen, welches schon durch sein Leben in der heissen Zone und auch durch seine Kräfte zu diesem Dienste prädestiniert ist, des Elefanten. Lange hat man den afrikanischen Elefanten für unzähmbar gehalten, bis endlich der Versuch einer Zähmung gemacht wurde, und zwar wurde der erste afrikanische Elefant am Congo gezähmt, ein Erfolg, der

im »Französischen Congo« bisher vereinzelt geblieben ist, während
die benachbarten Colonien (Congostaat, Kamerun u. a.) sich be-
mühten und noch eifrig bemühen, dieses kluge Tier zu zähmen
und als Lasttier oder bei Bahn- und Strassenbauten zu verwenden.
Soviel über die Fauna! —

Die Bodenschätze.

»Französisch-Congo« scheint ziemlich reich an Bodenschätzen
zu sein. Edelmetalle sind allerdings wohl nur in geringem Masse
vorhanden, wenn auch etwas Gold am Nyanga gefunden worden
ist, ebenso wie sich in den reichen Kupfererzlagern von M'Boko-
Songo und Minduli Silber, mit Kupfer vergesellschaftet, findet.
Dieser Mangel an Edelmetallen wird aber reichlich aufgewogen
durch den Reichtum an Kupfererzen in den Minen von M'Boko-
Songo und Minduli im Kuilu-Niaribecken. Schon seit vielen Jahrhunderten werden diese von den Einzeborenen ausgebeutet, welche
das Kupfer an die Stämme Innerafrikas — am oberen Congo
und Ubangi verhandeln. Kupfer tritt in der Regel als Malachit
auf; ab und zu findet man silberhaltiges Schwefelkupfer mit Blei-
glanz vergesellschaftet. In reichem Masse sollen Eisenerze in der
Colonie vorhanden sein. Haematit (Roteisenstein) liefern die alten
Gebirgsmassive am Ogowe, Magneteisenstein die Mt. Cristal.
Eisenschüssige Sandsteine findet man im ganzen vorderen Teil
der Colonie, eisenschüssigen Ton längs der Küste. Eisen findet
man ferner in eisenschüssigen Sandsteinen am oberen Ubangi und
Schari. Es wird hauptsächlich von den Bandastämmen, den Band-
jas und Yakomas am oberen Ubangi gewonnen. — Zink und
Blei findet sich meist in Gesellschaft von Kupfererzen, Eisen und
Mangan. — Grössere Bedeutung als die bisher genannten Erze
hat das Salz. Es wird als Seesalz von vereinzelten, an der Küste
wohnenden Stämmen gewonnen. Sodann hat man am Rhamboe und im Lande der Bakamba Salzquellen entdeckt.
Je weiter man sich von der Küste entfernt, desto rarer wird
es. So hoch wird das Salz von den Eingeborenen im
Inneren der Colonie gewertet, dass es bei einzelnen Stämmen
als Geldeinheit gilt, ja dass man Salz als Zahlungsmittel anbietet,
um die trägen Neger zur Arbeit anzuspornen. Rouget glaubt
— und seiner Meinung darf man sich ruhig anschliessen —,
dass gerade das Salz eine grosse Bedeutung für die Entwicklung
der Colonie haben wird. Für den Europäer ist es leicht zu be-
schaffen und die Eingeborenen nehmen es vielfach schon lieber
als Tauschartikel für Kautschuk und andre wichtige Landespro-

dukte in Zahlung als die sonst vielgeschätzten Glasperlen. Zur Zeit Rabeh's brachten wohl noch tripolitanische Karawanen ebenso arabische (über Wadai) Salz nach Bagirmi, sodass man es hier schon vor der französischen Occupation kannte: aber seit dem Untergang Rabeh's hat das aufgehört. Die meisten Stämme am oberen Ubangi und Schari bereiten selbst ein Salz durch Aus· laugung der Aschen gewisser Pflanzen; doch enthält es nur geringe Mengen Na Cl. Im Süden und Osten des Tschadsees scheint das Salz in grösseren Mengen als Steinsalz vorhanden zu sein, da die Einwohner dieser Gegenden einen schwunghaften Salzhandel mit den Einwohnern von Bornu und Sokoto treiben. -- Natron hat man auf der Ostseite des Tschadsees, im Bahr-el-Ghasalgebiet, gefunden. Es wird vornehmlich von den Budumas ausgebeutet und von allen islamischen Völkern sehr geschätzt. Man fügt es den Speisen und dem Tabak bei, um ihm einen gewissen Duft zu verleihen, ebenso dem Futter der Kamele, um ihre Kräfte zu steigern. Salp.ter findet sich im Norden der Colonie bei d.n Stämmen, die am Rande der Sahara wohnen. Die Kredas haben Chevalier von reichen Salpeterlagern im Norden von Wadai und im nordöstlichen Teil ihres eignen Landes erzählt. Kalk fehlt am oberen Ubangi und im Scharibecken. Daher hat man aus den Schalen eines austernähnlichen Weichtieres, der Etheria caillandi, den für Bauzwecke nötigen Kalk gewonnen.

Ethnographie.

Ein buntes Völkergewirr tritt uns in dem ungeheuren Areal der französischen Colonie entgegen. Zwar gehören die zahlreichen Stämme mit Ausnahme einiger Hirtenvölkchen am Tschadsee ganz allgemein der tropisch-kontinentalen Negerrasse an; aber innerhalb dieser gibt es wieder zahlreiche Abstufungen in »Französisch Congo«. Zeichnen sich die Vertreter eines Stammes durch stattliche, wohlentwickelte Erscheinung aus, so stehen ihnen bei einem andren solche von verkümmerten Wuchs und kleiner Statur gegenüber. Die einen tragen die typischen Negermerkmale zur Schau, dicke, wulstige Lippen und vorspringende Backenknochen, während andre wiederum sich mehr den Gesichtsformen der Europäer nähern. Was die Pigmentierung angeht, so sind alle Farbennüançen vertreten von bläulich-schwarz bis hellbraun und schmutziggrau. Die Sprache vollends ist bei fast allen Stämmen verschieden, ebenso wie die Religion. Dies führt uns auf die allgemein beliebte Scheidung der Negerstämme innerhalb der französischen Colonie in Bantuneger und Sudanneger.

Die Bantuneger der äquatorialen Urwald- und Küstenzone sind Fetischisten, während im Scharibecken an ihre Stelle die islamisierten Sudanneger treten. Ein Uebergangsgebiet zwischen beiden bildet die Landschaft des mittleren und oberen Ubangi. Doch ist eine scharfe Scheidung nach Rasse oder Religon schwer durchzuführen, da überall eine starke Blutvermischung stattgefunden hat. Nicht weniger verschieden sind Charakterbildung wie auch die Sitten und Gebräuche der einzelnen Negerstämme. Die einen sind feige, andre sehr kriegslustig; die meisten sind faul. Aber es gibt auch sehr arbeitsame Negerstämme, ein Vorzug, der mehr den Negern der Guineazone und im Sudan nachzurühmen ist. Die Neger der Urwaldzone sind fast durchweg Menschenfresser. Nach Norden zu nimmt dieser schreckliche Brauch der Anthropophagie ab und verschwindet im islamitischen Scharigebiet, ebenso nach dem Meere zu, wo die Franzosen den Menschenfressern energisch auf die Finger sehen. Auch unter den Anthropophagen selbst lassen sich mehrere Klassen unterscheiden. Die einen sind Menschenfresser aus Not, die nur in äusserst seltenen Fällen, wenn es ihnen an Nahrung mangelt, ihre Gefangenen verzehren. Andre sind mehr Gelegenheitsmenschenfresser und verspeisen ihre Kriegsgefangenen, schliessen aber Frauen und Kinder von derartigen Festmahlen aus. Wieder andre bekriegen ihre Nachbarstämme, um sich das nötige Menschenfleisch zu verschaffen und führen förmliche Jagden zu diesem Zwecke aus. Als schlimmste aller Anthropophagen gibt es noch solche, welche, um ihrer grässlichen Vorliebe für Menschenfleisch fröhnen zu können, Sklaven aufziehen und sogar in die Hütten ihrer Nachbarn eindringen, sodass bei ihnen niemand seines Lebens sicher ist.

Am Gabun bildeten die M'pongwe in den 60er Jahren einen mächtigen Volksstamm. Die Berührung mit europäischer Kultur hat ihnen wie den meisten Negerstämmen nur Schaden gebracht. Der Alkohol, die Ausschweifungen und infolgedessen viele Krankheiten haben ihre Reihen gelichtet, sodass von dem einst mächtigen Stamm nur noch etwa 3—4000 reinblütige Glieder vorhanden sind, die von den Pahuins immer mehr zum Meere gedrängt werden. — Trotzdem kann man die M'pongwe als einen schönen Negertypus bezeichnen. Sie sind durchweg stattliche Erscheinungen. (Der M'pongwe ist 1,70 m gross). Die Haut ist bronzefarben. Klares, ausdrucksvolles Auge gibt dem Gesicht ein intelligentes Aussehen. Die Lippen sind wenig wulstig. Dann unterscheiden sich die M'pongwe vor andern Stämmen vorteilhaft dadurch, dass sie sich nicht tättowieren. Der freie M'pongwe arbeitet nicht; er jagt, fischt, raucht, schwätzt und überlässt die häuslichen Arbeiten sowie die Bestellung des Feldes und die Besorgung des wenigen Viehs den Frauen, die übrigens wegen ihrer Schönheit vielfach von andern Negern begehrt werden.

Die Pahuins[1]) oder Fans sind vor noch nicht langer Zeit in die jetzt von ihnen bewohnten Gebiete eingedrungen. Vor etwa 40 Jahren wurden sie infolge der Eroberungszüge Zuber Paschas aus ihren Wohnsitzen am oberen Ubangi verdrängt und gelangten auf ihrer nach Westen gerichteten Wanderung, ständig gedrängt im Osten von den Bandastämmen und den Baya Mandja, im Norden von den Fulbe, in ihre jetzige Heimat am Ogowe, Ivindo und im südlichen Kamerun. Die Fans sind durchweg stattliche Gestalten von hellbrauner Hautfarbe, mit ausdrucksvollen Augen

---

1) cf : „La Géographie", VI. 1903. Breschin, la forêt équatoriale. „Annuaire de Géographie" 1903, I, 166. Les peuples dans le bas Ogowe. „Revue coloniale" (nouv. série) 1902/03 Roche, Au pays des Pahouins".

und kräftiger, oft aquiliner Nasenbildung. Sie haben nicht so wulstige Lippen wie die andren Negerstämme, zeigen dagegen eine grosse Vorliebe für Tättowierungen, die zugleich ein Unterscheidungsmittel für die einzelnen Stämme sind. Ausserdem haben sie zugespitzte Zähne, eine Unsitte, welche sie mit vielen Negerstämmen teilen. Im allgemeinen sind die Fans wenig bekleidet. Ihre Bewaffnung bestand zu du Chaillu's Zeiten aus Schild, Lanze und einem langen Messer. Jetzt sind fast alle im Besitz von Steinschloss-, Hinterlader-, manche sogar von Schnellfeuergewehren. Sie gelten für sehr kriegerisch, sind dabei meistenteils scheu, zurückhaltend und träge. Jagd und Fischerei bilden ihre Hauptbeschäftigung, während die Haus- und Feldarbeit den Frauen zufällt, welche auch in der Herstellung von Tongeschirr einige Kunstfertigkeit an den Tag legen. Ihre Dörfer haben die Fans auf Waldblössen in der Nähe von Flüssen oder an den Flussläufen selbst erbaut. Die rechtwinkligen, dicht nebeneinander stehenden Hütten bilden zwei lange Reihen, welche dem Ganzen das Aussehen einer langen Strasse verleihen. Die beiden Strassenenden sind durch starke Tore geschützt, die sie mit Zacken und Schiessscharten versehen haben, sodass die Dörfer den Eindruck von Festungen machen. Doch ist dies eine berechtigte Vorsichtsmassregel, da die gegenseitigen Ueberfälle durchaus nicht den Charakter des Ungewöhnlichen an sich tragen. Die Pahuins sind Fetichanbeter und Menschenfresser. Da sie sich sehr stark vermehren — man schätzt ihre Gesamtzahl auf etwa 200 000 — und bis jetzt von der europäischen Civilisation noch nicht verdorben sind, so setzt man grosse Hoffnungen auf sie, zumal die Fans die reichen, bisher noch wenig ausgebeuteten Waldgebiete im Norden des Ogowe bewohnen. Geringes Ansehen geniessen ihre Häuptlinge. Neuerdings hat die französische Regierung die Machtstellung jener zu heben versucht, indem sie einzelne offiziell bestätigt und die Trikolore auf deren Hütten aufpflanzen lässt, um durch die Häuptlinge einen grösseren Einfluss auf diese Stämme selbst zu gewinnen.

»Loangos« ist ein Sammelname für die vielfachen, untereinander sehr verschiedenen Negerstämme an der Loangoküste, im Flussgebiete des Kuilu-Niari und des N'guni, obwohl sie in Sprache, Charakter, Sitten und ihrer äusseren Erscheinung wenig Verwandtschaft zeigen. Vielfach leben diese Loangostämme sehr zurückgezogen, d. h. sie haben ungern mit den Europäern zu tun, da sie den Sclavenhandel noch zu gut in Erinnerung haben, der durch ihre Gebiete den Weg zur Küste nahm. Sie begnügen sich mit Jagd und Fischerei und treiben etwas Ackerbau. Die einzige Industrie ist die Salzproduktion längs der Küste und an einzelnen Salzquellen im Kuilugebiet. Die Loangos, namentlich die Bafioten, sind grosse, schöne Leute, klug, aber auch eingebildet; sie halten sich für zivilisierter als die andren Neger. Vielfach verdingen die Loangos sich als Schiffer, Träger und Köche. Sie werden dann nach englischem Vorgang, wie an der ganzen Westküste Afrikas »Boys« (Knaben) genannt, auch wenn sie längst erwachsen sind. — Die Küstenbewohner treiben Handel mit den Weissen. Sie bringen ihre aus Feldfrüchten, Elfenbein und Kautschuk bestehenden Waren zu den Faktoreien und tauschen dagegen Tabak, Glasperlen, Messer und Schnaps ein, der diese Stämme vollkommen korrumpieren wird, wenn man fortfährt, sie damit zu vergiften, da er den Wohlstand und das bei ihnen leidliche Familienleben vernichtet. Alle diese Stämme leben ohne festen Verband. Kaum kümmert sich ein Dorf um das andre. Zwar hat jedes seinen eignen Häuptling, den Tapferkeit und Klugheit zu dieser Stellung bestimmt, aber sein Ansehen erstreckt sich meist über die eigne Familie nicht hinaus. Viel grösser ist der Einfluss der Zauberer, nicht zum wenigsten infolge der berüchtigten Giftproben, die gerade bei den Loangos noch gang und gebe sind. Die an der Küste wohnenden Stämme sind ziemlich unkriegerisch; aber je weiter man ins Innere dringt, desto kriegslustiger erscheinen sie, wie denn auch im Gegensatz zu den fast unbekleideten Loangos im Innern nach der Küste zu die Bekleidung zunimmt und die Menschenfresserei schwindet, ein Genuss, bei denen jedoch Frauen und Kinder ausgeschlossen werden. Die Loangos sind mittelgross, haben tiefschwarze Hautfarbe und regelmässige Gesichtszüge, keine wulstigen Lippen und wenig vorstehende Backenknochen. Der Körperbau ist zierlich. Oft findet man bei ihnen 6 gut ausgebildete und bewegliche Glieder, sei es an Hand oder Fuss. Die Frauen sind graziös, oft sogar kokett und stehen ihren europäischen Schwestern hinsichtlich der Zeit und Sorgfalt, die sie auf ihre Toilette verwenden, nicht nach.

Das Hochplateau zwischen dem oberen Niari, dem Congo von Brazzaville bis zur Alimamündung und dem Alima selbst wird von den B a t e k e bewohnt, die man auch wohl noch zu den Loangos zählt, soweit sie am oberen Niari wohnen. Sie haben sich auf den weiten Hochplateaus festgesetzt und von dort bis zum Congo ausgedehnt. Die Bateke — kleine Leute — sind sehr arbeitsame Ackerbauer. Nur die Männer betreiben die Landwirtschaft, während den Frauen die Sorge für Haus und Kinder überlassen bleibt. Die dürftige Nahrung dieser Stämme besteht aus Bananen, Maniok und Batate. Fleisch und Fisch ist eine seltene Speise. Sie sind in den letzten Jahren von der Schlafkrankheit, von den Pocken und der Phtise schwer heimgesucht worden, sodass man ihren Untergang befürchten muss, wenn man nicht seitens der Regierung Mittel und Wege findet zur Besserung des Gesundheitszustandes. Zudem haben die Trägerdienste, welche die Bateke den Europäern geleistet haben, ungezählte Opfer gefordert infolge der Ueberbürdung und der unendlichen Strapazen eines Marsches durch unwegsame Gegenden.

Den Ubangi entlang — etwa zwischen 3—4° N. wohnen die B o n d j o. Sie stellen einen ziemlich verkommenen Menschenschlag dar. Menschenfresserei, Krankheiten aller Art und Hunger haben das Ihrige zu diesem Zustande beigetragen. Bei ihnen ist der Kannibalismus soweit ausgeartet, dass sie nicht nur Kriege unternehmen, um sich das nötige Menschenfleisch zu verschaffen, sondern sich auch untereinander nach dem Leben trachten. Bei ihnen findet man die Façaden der Hütten mit Menschenschädeln geschmückt; die Frauen tragen Kolliers von Menschenzähnen. Bisjetzt ist es der französischen Regierung noch nicht gelungen, diese grässliche Sitte einzuschränken. Trotzdem die Bondjo auf der niedrigsten Kulturstufe stehen, so muss man sich doch darüber wundern, dass bei ihnen die Verarbeitung des Eisens und Holzes wie auch das Töpfergewerbe ziemlich weit fortgeschritten ist. Ebenso sind die Hütten mit mehr Eleganz und Geschmack hergerichtet als bei den andern Negerstämmen. Tanz und Gesang beweisen künstlerische Veranlagung. Sie bauen über 30 Kulturpflanzen an.

Einen weit besseren Eindruck gewinnt man von der Bevölkerung des französischen Congogebietes, wenn man von Bangi aus nordwärts in das Scharibecken vordringt oder auch den Ubangi weiterhin zu seinen Quellen verfolgt; denn je weiter man nach Norden und Osten vordringt, desto civilisierter wird die Bevölkerung. Das erklärt sich aus den vielfachen Berührungen mit den Muhammedanern Nordafrikas und Aegyptens. Arabische Sclavenhändler setzen sich im Scharigebiet ebenso wie am oberen Ubangi und Mbomu fest und gewannen einen beherrschenden Einfluss über die Bevölkerung. So entstanden die Sultanate von Dar Kuti, Bangassu, Rafai und Semio. Zuber und vor allem Rabeh legten am oberen Ubangi und im Scharigebiet ihre Zeriben an und verbreiteten von dort aus Mord und Schrecken, hatten aber auch gleichzeitig mit der Anlage der Zwingburgen und Stapelplätze Pflanzstätten zur Verbreitung muhammedanischer Kultur geschaffen. Besonders war Rabeh bemüht, in den von ihm unterworfenen Ländern den Islam als Staatsreligion einzuführen und geordnete Zustände durch eine einheitliche Rechtspflege zu schaffen. In erster Linie sind wohl die Raubzüge Zubers und Rabeh's die Ursache, dass die Negerstämme aus den Gebieten der Nil-Congo-Schariwasserscheide allmählich gegen den Ubangi gedrängt wurden. Dies bewirkte natürlich eine mächtige Völkeransammlung auf dem rechten Ubangiufer. Staffelförmig, möchte man sagen, reiht sich hier ein Stamm an den andern an, im Norden gedrängt von den Bandastämmen, die in breiter Front sich vom Sanga bis zur ägyptischen Grenze ausdehnen. An die Banda schliessen sich nach Norden zu die Negerstämme der reichen, sudanesischen Kulturzone an bis etwa 10^0 N., auf die weiterhin am unteren Schari die islamisierten, sehr mit fremden Blut gemischten Stämme Bagirmis Kanems, Daganas usw. foigen. Mithin lässt sich die dritte, grosse Bevölkerungsgruppe ihrerseits wiederum in 4 Gruppen zerlegen:

1) **Die Negerstämme längs des Ubangi,**
2) **die Bandastämme der Guineazone,**
3) **die Negerstämme der sudanesischen Kulturzone** bis etwa 4^0 N. und
4) **die islamisierten Volksstämme am unteren Schari.**

1) Vom Kemo aus nach Osten bewohnen die B a n z i r i etwa auf 200 km Länge das rechte Ufer des Ubangi. Man kann sie als einen schönen Negertypus bezeichnen. Durchweg sieht man grosse, wohlgebaute Gestalten mit ausdrucksvollen, sets heiteren Gesichtszügen und vor allem schönen, grossen Augen. Diese Neger sind Fischer und Händler wie alle ihre Nachbarn am Ubangi. Sie räuchern die Fische, welche sie in ihren mit vielem Geschick verfertigten Netzen fangen, um sie alsdann gegen Bananen. Maniok, Batate, Ziegen u. s. w. zu vertauschen. Letztere sind namentlich für die Banziri ein ausgezeichnetes Handelsobjekt. Sie vertauschen die Ziegen an die Stämme Ubangi aufwärts, an die Yakoma, bei welchen die Ziegen den dreifachen Wert haben und erhalten von jenen –die sogenannten Kindja [1]). Je weiter sie wieder den Ubangi abwärts fahren, um so mehr steigt der Wert des Kindja, sodass die Banziri den doppelten Gewinn haben.

Das Gebiet der S a n g o zieht sich in einer Länge von 130 km am Ubangi hin. Etwa 40 Dörfer mit circa 15000 Einwohnern rechnet man zu diesem Negerstamme. Den Mittelpunkt bildet Mobaye. Gleich den Banziri sind die Sango grosse, schöne Leute und beschäftigen sich mit Handel und Fischfang.

Die Y a k o m a, welche von Setema bis zum Zusammenfluss des M'bomu und Uelle in einer Strecke von 100 km das rechte

---

1) Der Kindja ist eine Art Beil aus einem 2 mm dicken Eisen. Er ist 30 cm lang und 15 cm breit und gilt als Geldeinheit bei den Yakomas.

Ubangiufer besiedelt haben, wohnen in etwa 20 Dörfern mit einer Bevölkerung von 20—25000 Einwohnern. Sie sind ein heiteres Völkchen, — so erzählt Schweinfurth — stets bereit zu lachen und sich zu freuen. Die Yakoma sind Menschenfresser, aber nur dann, wenn sie im Kriege Gefangene erbeutet haben, schliessen jedoch die Frauen von diesem Siegesmahl aus. Handel und Fischfang sind die Hauptbeschäftigung der Yakoma, daneben betreiben sie das Schmiedehandwerk, indem sie ein Eisen verarbeiten, das sie selbst der Erde abgewonnen. Hieraus verfertigen sie Lanzen, Pfeile und vor allem die schon erwähnten Kindja.

Am Kotto und M'bomu wohnen die N'Sakkara. Sie führen unter dem Sultan von Bangassu ein von der französischen Regierung unabhängiges Leben. Sie sind kriegerischer als ihre Nachbarn und deshalb von diesen gefürchtet. Der Sultan von Bangassu verfügt über eine ganz ansehnliche Streitmacht. Man hat sie auf etwa 4000 Mann geschätzt, von denen 1000 mit Gewehren ausgerüstet sind. Handel mit Elfenbein und Kautschuk hat den N'Sakkara die Feuerwaffen verschafft, da sie nur gegen solche die reichen, ihnen selbst wenig wertvollen Vorräte an Elfenbein eintauschen. Neben Handel treiben die N'Sakkara etwas Ackerbau und Fischfang. Die N'Sakkara und Sande oder Niam-Niam[1]) bilden die beherrschende Bevölkerungsklasse in den Sultanaten von Rafaï und Semio am M'bomu. Von den Niam-Niam ist etwa dasselbe zu sagen wie von den N'Sakkara. Es ist nur noch zu erwähnen, dass man die Pahuins für Verwandte der Sande hält, da ja die Pahuins gleichfalls diesen Gegenden entstammen und neben der beiden Negerstämmen gemeinsamen Kriegslust auch in physischer Beziehung ebenso wie in Sitten und Gebrauchen verwandtschaftliche Züge aufweisen.

2. Eine ungeheure Kette von Negerstämmen erstreckt sich im Norden des Ubangi-M'bomu von der Nilwasserscheide bis zum Sanga. Gleichartigkeit in Gestalt, Sprache, Sitten und Charakter kennzeichnet ihre Zugehörigkeit zu einer Gruppe von Negerstämmen, zu den Bandas. Einstmals waren ihre Sitze die weiten Hochplateaus an der Schari-Congo-Nilwasserscheide. Mannigfach sind diese Plateaus von Flüssen zerschnitten worden, sodass steile Felswände von oft 200 km Länge und 90 m Höhe entstanden. Zahlreiche Höhlen finden sich in diesen Felsen, in denen die Bandas früher ein kümmerliches Dasein fristeten in stetem Kampf und beständiger Furcht vor den Sclavenjägern, bis sie schliesslich nach Westen auswanderten. Jetzt wohnt kein

---

1) Schweinfurth erzählt nur in seinem Werke „Im Herzen Afrikas" von seinem Besuche im Lande der Niam-Niam (im Jahre 1868). Beiläufig sei hier bemerkt, dass Schweinfurth den Uëlle für den Oberlauf des Schari hielt.

Mensch mehr in jenen Felsenhöhlen von Dar Banda. Was nicht in die Sclaverei wanderte, floh. Nur altes Steingeschirr und Scherben erinnern an die einstigen Trochlodyten. Jetzt bevölkern die Bandastämme ein weites Gebiet zwischen 5 und 10° N. Alle Bandas sind Fetischisten und Menschenfresser. Mögen die einzelnen Stämme sich in vielem unterscheiden: Im allgemeinen findet man bei ihnen doch an Ohren, Nasenflügeln, Oberlippe (bei den Frauen auch an der Unterlippe) Ringe aus Kupfer, Zink, kleine cylindrische Holzstücke, Holzscheiben mit Metallverzierungen, bei den Frauen lange Nadeln aus Bergkristall: Kurz, wo sich nur eine derartiger Schmuck! anbringen lässt, kann man annehmen, dass irgend ein Bandastamm die betreffende Stelle durch Anbringung von Zierraten verunziert hat. Die Bandas beschäftigen sich vorzugsweise mit Ackerbau, der aber nicht wie bei den Urwaldbewohnern grösstenteils den Frauen überlassen wird; sondern der Mann tut bei ihnen die schwere Arbeit des Pflügens und Urbarmachens. Auch sind sie ganz geschickte Schmiede. Sie stellen aus Eisen Lanzenspitzen, Pfeile und Wurfmesser her.

Hier mögen die M a n d j a kurz erwähnt werden. Sie scheinen seit langem ihre Sitze am M'Poko und Tomi, also im Ubangibecken und am Gribingi, eingenommen zu haben etwa von 4'—7° N., im Osten bis zum 20° O. Die Mandja zeigen eine grosse Vorliebe für möglichst reichlichen Schmuck. Das früher wohlbebaute Land der Wasserscheide zwischen Ubangi und Schari ist jetzt durch die andauernden Sclavenjagden verwüstet und zur Einöde geworden. Trotz des fruchtbaren Bodens sind die Mandja durch Hunger, Seuchen, vor allem aber durch die unaufhörlichen Einfälle der Bandas dezimiert worden und dem Aussterben nahe. Die abgezehrten Gestalten machten auf Chevalier einen traurigen Eindruck. Immerhin scheinen die Mandja früher auf einer höheren Kulturstufe gestanden zu haben, da sich bei ihnen Skulpturen aus Holz, wenn auch primitiver Art, gefunden haben. Ihre Fetische stellen sie als Männer, Frauen und Tiere dar. Jedenfalls ist es der einzige Versuch bei den Negern dieser Gegenden, Lebewesen nachzubilden.

3. Im Quellgebiet des Schari, am Gribingi und Kamingi, begegnet man einer andern Gruppe von Negerstämmen, die sich durch ungewöhnliche Körperlänge auszeichnen. Es sind die N ' D u k a s. Nach Chevalier ist ihre mittlere Grösse 1,80 m. Sie bilden eine Negergruppe für sich, haben eigne Sprache, eigne Sitten und Traditionen. Sie sind keine Kannibalen, wohl aber der Mehrzahl nach Fetischanbeter, wenn auch einige Zugehörige ihres Stammes, soweit sie an den Grenzen Dar Kutis mit dem Islam in Berührung kamen, letztere Religion annahmen. In ihren

Dörfern findet man Pferde von ziemlich kleiner Statur, die ersten, denen man, von Süden her kommend, begegnet. Die N'Dukas treiben hauptsächlich Ackerbau, daneben etwas Fischfang.

Westlich von den N'Dukasstämmen im Gebiete des Bahr Sara, wohnen Neger, die man unter dem Namen »S a r a« zusammenzufassen gewohnt ist. Die Sara — ein grosser Menschenschlag; bei ihnen sind Gestalten von 1,80 m bis 1,90 m keine Seltenheit — sind für die Zukunft der Colonie von grosser Bedeutung. Schon ihre starke Vermehrung ist in einem Lande, wo so viele Negerstämme allmählich aussterben, unendlich wichtig. Dazu sind die Sara im Gegensatz zu so vielen andren Negern arbeitsame Leute. Sie leben in oft ziemlich grossen Dörfern. Das ganze, von ihnen bewohnte Land ist auf's trefflichste angebaut. An den Flüssen wird Fischfang getrieben. Bisher sind die Sara trotz mancherlei Beziehungen zu den islamisierten Negern Fetischisten geblieben. Die Menschenfresserei existiert bei ihnen nicht. Ihre Kleidung ist dürftig.

Wenig verwandt mit den Sara westlich des Schari sind die Sara im Osten dieses Flusses. Sie haben zwar dieselbe hohe Gestalt wie die Vettern auf dem Westufer, aber sonst stehen sie in keiner näheren Beziehung zu ihnen. Diese Sara sind alle verarmt durch unaufhörliche Sclavenhetzen. Sie nähren sich ebenfalls von Ackerbau und Fischfang. Nirgends hat es das weibliche Geschlecht so gut verstanden, sich zu verunzieren wie diese Sarafrauen. Jedes Ohr ist mit 5—6 Kupferringen behängt. Die Nasenflügel sind durchbohrt und mit Holzstäbchen geschmückt, die Lippen mit Löchern versehen, in denen sie mehrere runde Holzscheiben oft von der Grösse eines kleinen Tellers befestigen. Sehr zahlreich und ungleichartig sind die Volksstämme, welche im Logonebecken ihre Wohnsitze haben. Die mehr westlich und nördlich wohnenden Fulbe bezeichnen alle diese Fetischanbeter im Logonegebiet mit dem Gesamtnamen L a k a s. Zu diesen gehören die Massas, Mundangs, die M'Bais, Miltus, die alle die weite Ebene zwischen Logone und Schari bevölkern. Die M a s s a s wohnen auf beiden Seiten des Logone in zahlreichen, oft sehr bedeutenden Ortschaften — bei einigen möchte man fast sagen: »Städten« — wie Laï, Kim Kolo, Tscho. Sie beschäftigen sich fast durchweg mit Fischfang, der in dem fischreichen Logone sehr lohnend ist. — D i e M u n d a n g s wohnen zu beiden Seiten des Mayo-Kebbi und sollen sich durch eine etwas vorgeschrittenere Civilisation auszeichnen. Dies ist auch durchaus nicht verwunderlich, da sie den alten Negerdespotieen von Mandara, Bornu und Sokoto am nächsten wohnen. — Ein interessantes Völkchen sind die M'B a ï s, die zwischen östlichem und westlichen Logone ihre Sitze haben. Neben ihrer Hauptbeschäftigung, dem Ackerbau, betreiben sie mit viel Geschick die Schmiedekunst. Ausser Waffen werden Kettenhalsbänder mit Medaillons aus poliertem Kupfer und Gürtel, die mit eisernen Perlen besetzt sind, verfertigt. Noch mehr zeigen sie eine gewisse künstlerische Befähigung in der Nachbildung von Menschen- und Tiergestalten in Holz. Trotz der Nähe der islamitischen Völker sind alle Stämme im Logonegebiet bisher Fetischisten geblieben.

Nördlich vom Bahr Salamat begegnen wir einer anderen Völkergruppe, den B u a s, zu denen die Sokoros, Nubas und Niellims gehören. Die Buas sind stattliche, schöne Leute, noch grösser als die Sara im Osten des Schari, zu denen man die Bewohner der Gegend des Lac Iro rechnet. Die Buas leben in winzigen Strohhütten. Man könnte sie fast für Bienenkörbe halten. Die Buas legen ihre Hütten vorzugsweise auf schwer zugänglichen Felsen an. Sobald sich auch nur die geringste Gefahr zeigt, flüchten sie in die zerklüfteten Felspartien und die Felsenhöhlen des Dekakiregebirges, wohin sie auch ihre Vorräte an Mais, Hirse u. s. w. bringen. — Jahrhundertelange Raubzüge der Sclavenjäger haben die Buas veranlasst, ihre Wohnsitze in diese gebirgigen Gegenden zu verlegen. Nicht anders steht es um die Negerstämme am Lac Iro. Auf den Inseln und in den weit ausgedehnten Sumpflandschaften des Lac Iro leben einige Galla- und Sarastämme in beständiger Furcht vor den Razzias der Bagirmier, der Darfur- und Wadaimänner. In Höhlen, teils in der unmittelbaren Umgebung des Lac Iro leben sie, den Amphibien vergleichbar, zumeist von Fischfang. Trotzdem diese Negerstämme, Buas, Sokoros, Sara und Galla auf allen Seiten von Anhängern des Islam umgeben sind, blieben sie doch Fetischisten.

4. Sieht man ab von diesen letztgenannten Negerstämmen, so treten uns nördlich vom 10° die islamisierten Neger entgegen, die aber, je mehr man nach Norden vordringt, mit hamitischem und semitischen Blute gemischt sind, sodass es schwierig ist, eine durchgehende Scheidung in einzelne Rassen durchzuführen. Ueberall sind in diesen Ländern nördlich des 10°, in Bornu, Bagirmi, Wadai und Kanem die Bagirmier (meist Ackerbauer), die Bios (ausgewanderte Bornuleute) und die Schuas (arabische Hirten) verbreitet. Bagirmier, Bornu, Wadaileute, Dagana, Kanembu, Kuka, Bulaba, Kokoto, Kuri, Buduma, wie auch alle diese Stämme heissen mögen, die sich selbst zu den Arabern zählen und von den Negern in diesen Ländern — zum grossen Teile sind es Fulbe — als Schuas bezeichnet werden, sind schon von

Dr. Barth [1]) und später von Dr. Nachtigal [2]) besucht werden.
Die Einwohner von Bagirmi sind fleissige Leute. Sie haben sich
meist an den Ufern des Schari niedergelassen und leben von
Ackerbau und Viehzucht. Der Handel liegt eigentlich nur in
den Händen des Sultans von Bagirmi selbst. Die Bevölkerung
beteiligt sich im geringen Umfange daran. Das einstmals blühende, mächtige Bagirmi ist jetzt fast dem Untergange nahe.
Die Raubzüge Rabeh's haben dem Lande arg zugesetzt, sodass
viele Jahrzehnte vergehen werden, bis der alte Wohlstand wieder-
hergestellt ist. Ueberall, sowohl in Bagirmi als auch in Kanem
ist das arabische Element stark vertreten. Aus den Nilländern
kamen die Araber als Kaufleute über Wadai in diese Länder und
sind bis auf wenige eigentlich nie ganz sesshaft geworden. War
dies aber doch der Fall, so haben sie sich meist mit der einhei-
mischen Bevölkerung derart vermischt, dass man wenig rein-
blütigen Arabern begegnet. Solche Araber sind auch die Dagana
und Kanembu im Osten und Norden des Tschadsees. Zusammen mit den Gurames und Tibbu bilden sie die herrschende
Klasse der Bevölkerung Kanems und Daganas. Die Tibbu, welche
namentlich um Bir Alali im Osten des Tschadsees wohnen, gehören zu den Tuareg. Die Inselbewohner des Tschadsees, die
Kuri, sind mit den Kanembu verwandt, während die Buduma,
mit denen sie sich in den Tschadseearchipel teilen, wohl mehr
den Fulbe zuzurechnen sind.

Die K u r i sind als die ursprünglichen Bewohner des Tschadsees anzusehen. Vor langer Zeit haben sie ihre Sitze an den
Ufern des Sees aufgegeben und sind auf die Inseln übergesiedelt,
um in aller Ruhe ihrer Beschäftigung, dem Ackerbau, Fischfang
und vor allem der Viehzucht, nachzugehen. Sie sind ein arbeit-
sames und intelligentes Volk, Anhänger des Islam. Doch beschränkt er sich bei ihnen nur auf die äusserlichen Zeremonien.
Die Kuri bewohnen 47 Inseln im Tschadsee mit etwa 26 000
Einwohnern. Bei ihnen werden Pferde, Rinder, Schafe, Ziegen
und Hühner gezüchtet. Mit grosser Sorgfalt betreiben sie den
Ackerbau. April und Mai beginnt das Umpflügen, die Aussaat
im Juni vor dem ersten Regen. Die Ernte findet 2 Monate und
10 Tage später statt. Wegen des geringen Regens kann bei
ihnen nur einmal geerntet werden.

---

1) Dr. Barth gelangte auf seiner 1. Reise nach Sokoto, Bornu (Kuka) und Adamaua
(Yola). Seine 2. Reise führte ihn 1852 zum Nordostufer des Tschadsees, späterhin nach
Massenja, der alten Hauptstadt Bagirmis, die damals noch eine blühende Stadt war.
2) Nachtigall sollte Geschenke König Wilhelms I. an den Sultan Omar von Bornu bringen
(1868), gelangte nach vielen Hindernissen von Tripolis durch das Gebirgsland Tibesti end-
lich 1870 nach Bornu (Kuka). Von dort aus unternahm er Reisen zum Südostrand des
Tschadsees bis nach Borku hinein und kam südlich auch bis Bagirmi. cf.: Nachtigal's
Werk: „Sahara und Sudan.“

Etwa 26 Inseln mit 17 000 Bewohnern bevölkern die B u -
d u m a , die das vollkommene Gegenstück zu den emsigen Kuri
bilden. Pflegmatisch, mehr Nomaden, ziehen sie mit ihren Herden, dem Hauptreichtum dieser Neger, überall hin, wo es Futter
gibt. Die Hauptnahrung der Buduma besteht aus Hirse. Infolge von Inzucht wird das wenig fortpflanzungsfähige Volk allmählich ganz in den Kuri aufgehen.

Rings um den Tschadsee herum, namentlich in den Niede-
rungen des Südens, halten sich die Fellachen auf. Als Nomaden
durchziehen sie mit ihren Herden das Land. Rindvieh-, Pferde-
und Straussenzucht wird von ihnen getrieben. Sie sind im
Gegensatz zu den Kuri fanatische Anhänger des Islam, klug,
aber verschlagen, und sehen mit Verachtung auf die Fetischisten
herab, die zu schädigen sie sich in jeder Weise für berechtigt
halten. Trotz der ständigen, jahrhundertelang dauernden Kämpfe
und Raubzüge haben sie die Fetischisten nicht verdrängen können.
Im Norden und Osten des Tschadsees treten uns schon Berber-
stämme entgegen, die als Beduinen die Saharawüste durchziehen.
Einen Uebergang von den halbislamitischen Völkern am Tschad
zu den Saharanomaden bilden nach Rouget die K r e d a s.

Organisation und Verwaltung der Colonie.

Nach langjährigen Versuchen, die Colonie zu organisieren und die innere Verwaltung zu regeln, nach vielem Hin- und Herstreiten scheint man endlich das Richtige getroffen zu haben. Hoffentlich hat das Dekret vom 11. II. 1906 dem »Congo français« eine definitive innere Gestaltung und Verwaltung verliehen.

Demnach ist Französich-Congo in 4 grosse Distrikte geteilt, von denen jeder seine besondere Verwaltung mit eignem Budget hat. An der Spitze der ganzen Colonie steht der Generalkommissar mit dem Sitz in Brazzaville. Die Verwaltung der einzelnen grossen Distrikte leiten die stellvertretenden Gouverneure von Gabun und Ubangi-Schari, der »Administrateur en chef« von Moyen Congo und der Kommandant des Tschadseeterritoriums, der dem stellvertretenden Gouverneur von Ubangi-Schari unterstellt ist. Den 3 höchsten Verwaltungsbeamten [1]) steht je ein Verwaltungsrat zur Seite. Im Verein mit diesem stellen sie die Budgets für die einzelnen Colonialdistrikte fest, die dem Generalkommissar zur Genehmigung vorgelegt und alsdann von der Regierung sanktioniert werden. Dem Generalkommissar, den ein Generalsekretär gegebenenfalls vertritt, steht der »Conseil du gouvernement du »Congo français« et dépendantes« zur Seite. Letzterer besteht aus dem Generalkommissar, den Leitern der einzelnen grossen Colonialdistrikte, dem obersten Justizbeamten, dem Oberbefehlshaber der Truppen sowie aus einigen Vertretern der Europäer aus den einzelnen Colonialgebieten. Die 4 grossen Colonialgebiete sind:

I. G a b u n : Die Gabuncolonie wird im Norden durch den spanischen Besitz und Kamerun begrenzt, im Osten durch die Ogowe-Congowasserscheide bis zum Meridian von Makabana, der nunmehr Grenze ist bis zur Berührung mit Cabinda. Im Süden bildet Cabinda die Grenze zum Meere hin, im Westen

---

1) Nach dem Generalkommissar und seinem eventuellen Vertreter, dem Generalsekretär des Generalkommissariats.

der Atlantische Ozean. Die Gabuncolonie zerfällt in 6 Gebiete (Hauptstadt Libreville):

1) Das Gebiet von Libreville,
2) das Gebiet des Ogowebeckens,
3) das Gebiet der Orungu,
4) das Gebiet von Fernan Faz
5) das Loangogebiet und
6) das Mayumbagebiet.

II. Moyen-Congo. Moyen-Congo grenzt im Süden und Osten an den Congostaat bis kurz unterhalb Bangi, im Westen an Gabun und Kamerun bis zum Schnittpunkt der Kamerungrenze mit dem 7° N. Dieser 7° bildet ein kleines Stück die Grenze, die dann der Wasserscheide des Schari gegen das Congobecken folgt, indem der M'Poko mit seinen Zuflüssen noch zu Moyen-Congo gehört, während Ombella sowie Bangi schon Ubangi-Schari zuzurechnen ist. Die Colonie Moyen Congo ist in 5 Teile geteilt: (Hauptstadt von Moyen-Congo, Brazzaville ist gleichzeitig Hauptstadt der ganzen Colonie »Congo français«.

1) Unter-Congo,
2) Unter-Ubangi,
3) Mittel-Ubangi,
4) Mittel Sanga und
5) Ober-Sanga.

III. Die Colonie Ubangi-Schari. Die Nordgrenze des Ubangi-Scharidistrikts bildet der 7° N. bis zu einem Punkte, wo der 7° die Grenze des conventionellen Beckens[1]) trifft; dann folgt sie dieser Linie bis zum ägyptischen Sudan. Im Osten wird Ubangi-Schari von Aegypten begrenzt und im Süden vom »Etat indépendant«. Die Colonie Ubangi-Schari (Hauptstadt Fort de Possel) zerfällt in 3 Gebiete:

1) Das Gebiet von Bangi,
2) das Gebiet von Mobaye und
3) das Gebiet des oberen Schari.

IV. Das Militärterritorium des Tschadsees. Es schliesst sich im Norden an Ubangi Schari an, dem es auch hinsichtlich der Verwaltung unterstellt ist. Das Tschadseeterritorium ist in zwei Teile geteilt:

1) Das Gebiet der Fetischanhänger; dazu gehört
   a) Moyen Schari mit Fort Archambault.
   b) Moyen Logone mit Laï und
   c) Dar Kuti (Hauptstadt N'dele).

---

1) Es ist damit das Freihandelsgebiet des Congobeckens gemeint.

Fast ganz unabhängig sind Ober Logone und das obere Bahr-Saragebiet.

2) Das Gebiet der islamitischen Sudanneger. Es umfasst Unter-Schari und das Tschadseegebiet mit Fort Lamy. Dazu gehört:

a) Dekakire mit Melfi,
b) Bagirmi mit Tschekna und
c) Kanem mit Máo als Hauptstadt.

Finanzen.

Ausser einem Colonialbudget, das die Militärausgaben (1905 2 562 136 frc.) trägt, gibt es in der französischen Colonie noch Lokal-Budgets für die Colonialdistrikte Gabun, Moyen-Congo und »la séction spéciale du Moyen Congo.« [1])

I. Das Budget für Gabun enthält 18 Kapitel und balancierte 1904/05 mit 1 072 680 fr.

II. Das Budget für Moyen-Congo balancierte 1905 mit 1 340 000 fr.

III. »La séction spécial« betrug: 1 799 170,70 fr.. wobei 644 655 fr. auf die Ausgaben für Ubangi-Schari-Tschad entfielen.

Die Einnahmen zerfielen in 2 Teile (1905):

a) O:dentliche: 1 699 350 fr., wobei der Staatszuschuss für 1905 700 000 fr. betrug.

b) Ausserordentliche 610 614 fr.

Insgesamt also 2 309 964 fr. Einnahmen.

Einnahmen von »Französisch Congo«.

Die einzelnen Budgets werden bestritten:

1) Durch Staatszuschuss,

2) aus den direkten und indirekten Steuern und verschiedenen anderen Taxen und Abgaben.

1) Frankreich hat schon viel für „Französich Congo" bezahlen müssen. Von 1862 an betrug der Staatszuschuss 150 000 fr.; 1870 dachte man schon daran, die Colonie aufzugeben, da die Einnahme an Steuern nur etwa 4000 fr. betrug, zahlte aber doch einen weiteren jährlichen Zuschuss, der sich von 62 000 fr. (1874) innerhalb von 10 Jahren nur um 50 fr. erhöhte (62 050 fr. 1883). In den letzten Jahren hat Frankreich gewaltige Summen geopfert:

---

1) „La séction spécial" enthält: Ausgaben für das Generalkommissariat, für öffentliche Arbeiten (Post-, Telegraphenwesen, Kabel, Eisenbahnprojecte, Schiffahrt), für Unterstützung an Gabun und Moyen-Congo, für Ubangi-Schari-Tschad.

Einnahmen: Staatszuschuss, aus Zöllen, aus Post-, Telegraphenwesen, Schiffahrtsabgaben, aus Steuern usw.

1896 : 2 550 322,77 fr.
1897 : 3 928 119,62 „
1898 : 2 961 000,00 „
1900 : 2 178 000,00 „
1901 : 500 000,00 „
1904/5 : je 700 000,00 „

Die Finanzen haben sich so gebessert, dass man für 1906 einen Zuschuss von 665 000 fr. vorgeschlagen hatte.

2) Die Budgets werden ferner gespeisst aus direkten und indirekten Steuern, verschiedenen Taxen und Abgaben für Schifffahrt, Plantagenconsessionen usw. Für die direkten Steuern ist die Eingeborenensteuer wichtig, welche bisher noch keine glänzenden Resultate erzielt hat. Jeder erwachsene Eingeborene soll jährlich 3 fr. Steuern bezahlen oder den Wert derselben in Kautschuk liefern oder aber Arbeit dafür leisten. Da nun die weiten Länder noch wenig erforscht sind, vor allem aber das Ansehen Frankreichs nicht allzuweit reicht, so sind bisjetzt in dieser Beziehung die Resultate sehr kläglich gewesen. So erzielte die Eingeborenensteuer nur:

1902 : 90 790,23 fr.
1903 : 285 578,70 „
1904 : 507 793,23 „

Wie wenig ist dies im Verhältnis zur Bevölkerungszahl. Ohne Tschadseeregion mehr als 9 000 000 Einwohner. Ueberhaupt wird man mit dieser Steuer nicht eher rechnen können, als bis das ganze Gebiet bis ins einzelnste erforscht und vor allem genügend organisiert ist

Sodann fliessen die Einnahmen aus
1) den Länderconcessionen,
2) der Schiffahrtssteuer,
3) dem Recht der Holzausbeutung,
4) der Häusersteuer und
5) für das Land, das mindestens mit 25 m an einen grösseren Flusslauf grenzt.

Die Lokalbudgets betrugen für

1900 : 4 495 000,00 fr.
1901 : 3 394 244,10 „
1902 : 3 019 071,50 „
1903 : 2 993 361,00 „
1. Halbjahr 1904 : 4 140 236,00 „
2. Halbjahr 1904 : { 1 062 300,86 „ (Gahun).
{ 2 309 964,63 „ (section speciale).
{ 1 340 000,00 „ (Moyen-Congo).

Für 1906 waren folgende Budgets vorgeschlagen:
Gabun : 1 418 850,00 fr.
Section speciale : 2 425 296,00 fr.
Moyen-Congo : 1 960 000,00 fr.

Kirche und Schule.

In der französischen Colonie existieren 3 katholische Vikariate, diejenigen von Gabun, vom Congo und vom Ubangi. Allen dreien steht je ein Bischof vor. Der Katholicismus wird hauptsächlich vertreten und gestützt durch die Patres vom „hl. Geist", die Corgregation „vom hl. Herzen Maria", durch die Schwestern „vom hl. Joseph von Cluny" und die Schwestern „von der unibe fleckten Empfängnis." — Der Protestantismus wird verbretet durch die „Société des missions évangéliques de Paris" und die amerikanischen Presbyterianer. Hauptmissionsstationen sind Libreville, N'djole, Loango, Landana, Franceville Li·anga, Lambarene, Lastoursville, Fernan Vaz, Sainte Famille des Banziris, Saint Paul des Rapides u. a.

Der Unterricht wird meist von Missionaren geleitet. Es bestanden 1898 52 Schulen mit insgesamt 2654 Schulkindern. 37 Schulen mit 2223 Kindern entfielen auf die katholische Mission (Gabun: 20 Schulen mit 1118; Congo: 7 Schulen mit 765 Kindern, Ubangi: 10 Schulen mit 640 Kindern). 15 Schulen mit 326 Kindern leitete die Pariser evangelische Mission, 5 Schulen mit 104 Kindern, die amerikanischen Presbyterianer.

Handel und Verkehr.

I. Bedingungen für Entwicklung von Handel und Verkehr in »Französisch=Congo«.

Von unendlicher Wichtigkeit für die Entwicklung der franzözischen Colonie sind die Verkehrs- und Arbeitsverhältnisse. Wenn die Verkehrsverhältnisse mangelhaft und ungenügende Arbeitskräfte zur Gewinnung der Naturreichtümer vorhanden sind, dann mag ein Land noch so reich sein, — es wird doch stets hinter viel weniger von der Natur ausgestatteten Ländern mit günstigen Verkehrs- und Arbeitsverhältnissen zurückbleiben. Was hat man nun bisher für die Hebung des Handels und Verkehrs, kurz für die Entwicklung des »Congo français« getan? — Man muss es der französischen Regierung vorwerfen, dass sie weit weniger für ihre mit mannigfaltigen Naturreichtümern ausgestattete Colonie getan hat als die wenigen, mit rastlosem Eifer und fieberhafter Initiative beseelten Männer, welche den Congostaat begründeten und produktionsfähig zu machen verstanden. —

Nur wenige S t r a s s e n existieren im französischen Congogebiet. In den Jahren 1876—87 gab es nur einen Zugang zum Hinterlande der Colonie. Die Transporte wurden den Ogowe hinauf bis Franceville befördert, von wo sie ein Weg quer über die Hochebene nach Diële am Alima führte, auf dem dann die Waren zum Congo nach Brazzaville gelangten. Von 1887 an zog man einen andern Weg von der Küste nach Brazzaville vor. Nunmehr nahm man als Ausgangsort der Trägerzüge Loango. Ueber das Gebirge, quer durch den Mayumbawald, über die Savannen und Hochflächen, die den oberen Niari vom Congo trennen, zogen jährlich gegen 15 000 Träger mit je 30 kg auf dem Kopf in 25—30 Tagen den 600 km weiten Weg zum Congo[1] zum Teil über zähen Lehmboden, über wurzelreichen Urwaldgrund und die Sandflächen des Hochplateaus. Die Träger erlagen zu Tausenden den Strapazen, bis endlich die b e l g i s c h e !

---

[1] Der Weg folgt der heutigen Telegraphenlinie Loango-Brazzaville.

— Bahn diesen methodischen Negermord in etwa einschränkte. Der Weg von Loango nach Brazzaville erreicht in gerader Linie den Kuilu bei Ludima. Nachdem er dann etwa 100 km den Strom aufwärts begleitet hat, verlässt er den Kuilu-Niari, um quer über die Hochebene in gerader Linie in das Congotal bei Brazzaville hinabzusteigen. — Eine andre Strasse benutzt den Kuilu von der Küste bis Kakamoëka, um dann auf westöstlich gerichteten Landwege Ludima und damit die vorige Route zu erreichen. Das sind die einzigen Wege in das Innere der Colonie. Aber sie können keineswegs von Lastfuhrwerken benutzt werden, sondern sind nur für die Träger gangbar. Die einzige, wirklich fahrbare Strasse des französischen Besitzes ist die 7 km lange Verbindung des Dorfes Glass mit Libreville. Längs der Küste finden sich zwar auch noch einige Fusswege; im allgemeinen benutzt man jedoch den Strand während der Ebbe zur Verbindung der einzelnen Ortschaften längs des Meeres. — Nur zwei Strassen finden sich im Ubangigebiet, um den Osten und Norden mit der alten Colonie zu verbinden. Die eine stellt die Verbindung zwischen Fort Sibut (am oberen Tomi) und Fort Crampel (am Gribingi) her. Etwa 2000 Träger legen monatlich den schon von Gentil benutzten Weg zurück. Die Trägerdienste hat man den benachbarten Stämmen (Mandja und Sara) als Steuer auferlegt, eine Massnahme, die die unglücklichen Leute schon oft zu Revolten veranlasst hat. Die Strasse wird glücklicherweise etwas entlastet durch die Verbindung Niger-Benue-Tschad, von der im Folgenden noch die Rede sein wird. — Der andere Weg längs des Ubangi von Kuango über Bangassu, Rafai nach Zemio wird jetzt nur noch selten benutzt, da an seine Stelle die Wasserstrasse getreten ist.

Ungeheuer wichtig ist der grosse Reichtum an s c h i f f - b a r e n F l ü s s e n , die sich wie ein grosses Netz über das ganze Gebiet ausdehnen. Die Gesamtlänge der schiffbaren Strassen beträgt etwa 5000 km. Dieser günstige Umstand gleicht einigermassen den Mangel an Landwegen aus und ermöglicht die Aufschliessung des Landes. Das hat die französische Regierung erkannt und auszunützen verstanden, da andre Transportwege und Mittel zu kostspielig erscheinen.

Eine glückliche Idee kann man es nennen, dass sie den in der Colonie concessionierten Gesellschaften [1]) die Verpflichtung auferlegte, im Verlaufe von 2 Jahren auf den schiffbaren Wasserläufen innerhalb ihrer Concessionsgebiete ein oder zwei Dampfer, den jedesmaligen Bedingungen entsprechend, einzustellen und zu

---

1) Von diesen Concessionen, die seit 1899 erteilt wurden, wird noch im weiteren Verlauf die Rede sein.

unterhalten, die der Regierung für Postbeförderung und gegebenenfalls für kriegerische Unternehmungen zur Verfügung stehen sollen. Die Folge war, dass mehrere Schiffahrtsgesellschaften aus der Vereinigung mehrerer Concessionierter entstanden zu dem Zwecke, diese Verpflichtung, an welche die Fortdauer der jeweiligen Concession geknüpft war, abzulösen. — In erster Linie ist ein Schiffahrtssyndikat »Les messagéries fluviales du Congo« zu nennen, gebildet aus den Concessionierten am unteren Congo und Sanga, und »la Compagnie de navigation et des transports Congo-Ubangi« am oberen Ubangi, die gemeinschaftlich den Schiffahrtsverkehr im Congobecken unterhalten. Im ganzen vermitteln 46 Fahrzeuge, darunter 34 Dampfer den Verkehr auf dem ausgedehnten Flussnetz der französischen Colonie. Dieser regelmässige Schiffsverkehr kömmt natürlich vor allem dem Congobecken zu gute (31 Dampfer), während das Scharibecken noch sehr stiefmütterlich behandelt ist. Auf dem Schari werden die Transporte noch mehr durch Ruderboote vermittelt. Dieser Umstand erschwert und verlangsamt den Verkehr mit dem Süden der Colonie, zumal da die Verbindung mit dem Congvbecken, wie schon erwähnt, durch die Trägerstrasse von Fort Crampel bis Fort Sibut bewerkstelligt werden muss. In neuster Zeit scheint aber auch hier eine Besserung der unhaltbaren Verhältnisse einzutreten durch die Verbindung des Tschadsees mit dem Benue-Niger durch den Tuburri-Mayo-Kebbi. Schon Löffler hatte die allerdings noch unklare Ansicht geäussert, es bestände eine Verbindung zwischen Benue und Logone durch den Mayo-Kebbi-Tuburri, da bei Hochwasser dieses Gebiet zwischen Tuburri und Logone in eine weite Wasserfläche verwandelt würde, die, wenn nicht für Dampfer, so doch sicher für Ruderboote fahrbar wäre. Mit der Erforschung dieses Problemes beauftragte die »Société de Géographie« Lenfant. Es gelang diesem, die Ansicht Löfflers durch den Erfolg seiner Expedition zu bestätigen. Er zeigte, dass es möglich war, die Reise von Bordeaux bis zum Tschadsee in etwa $2^{1}/_{2}$ Monaten zu bewerkstelligen und vor allem, dass die Transportkosten für die Lebensmittel ebenso wie umgekehrt für die Erzeugnisse des Landes sich erheblich verbilligten.[1]

Es ist fast unbegreiflich, wie kurzsichtig die Colonieverwaltung war, als es sich darum handelte, eventuell durch den Bau einer Eisenbahn von der Küste zum Congo die Colonie wirtschaftlich zu erschliessen. Ganz anders erfasste der Congostaat die Vorteile eines Bahnbaus von der Küste zum Stanley-Pool.

---

[1] cf. La Géographie, 1904, I, 321 ff. Lenfant, De l'Atlantique au Tschad par la Benoue.

1898 konnte die Bahn von Matadi bis Kinchassa am Stanley-Pool dem Verkehr übergeben werden. Damit hatte der Congo-staat der französischen Colonialpolitik ungeheuren Schaden zuge-fügt. Denn nunmehr wurden auch die Waren aus dem Inneren der französischen Colonie auf der belgischen Bahn befördert und noch schlimmer: die Waren, welche auf diesem Wege zum un-teren Congo gelangten, benutzten nicht französische Dampfer-linien zur Ausfuhr nach Frankreich, sondern belgische Linien nach Antwerpen, sodass ein grosser Prozentsatz der Erzeugnisse des französischen Congogebietes für das Mutterland verloren ging. Das hat Frankreich zu denken gegeben. Alle möglichen Bahn-projekte sind in Erwägung gezogen worden; leider aber ist bis-jetzt noch keins zur Ausführung gelangt. —

Wie in jeder jungen Colonie, so muss sich auch die Ent-wicklung von »Congo français« an die Verwertung der Natur-erzeugnisse anschliessen, und zwar kommen dabei in letzter Linie die Mineralschätze in Betracht, die nicht eher gehoben werden sollen, als bis durch die Entwicklung der Landwirtschaft und der Viehzucht, durch die Entfaltung des Handels und Verkehrs das Land für ein Entstehen industrieller Unternehmungen vorbereitet ist. Erst dann sind die nötigen Garantien für einen Aufschwung der Industrie gegeben, wenn Land und Leute die notwendige Vorbereitung durch kulturelle Arbeit für die Aufnahme derselben empfangen haben, wenn ein genügender Teil des Lan-des bebaut worden, wenn die Arbeitsfähigkeit der Einwohner einen genügend hohen Stand erreicht hat, und wenn die Bedürf-nisse mit fortgeschrittenerem Wohlstande gewachsen sind. Bisher konnte bei der französischen Colonie davon keine Rede sein. Massgebend für die Entwicklung des Handels und Verkehrs in Französisch-Congo ist lediglich die Ausnutzung der Naturprodukte.

Da kommen in erster Linie die Kautschukpflanzen in Betracht, die, wie schon erwähnt, im »Congo français« in reichlichem Masse vorhanden sind. Hier wird es lediglich darauf ankommen, dass man sich nicht selbst dieser Quelle des Reich-tums beraubt. Leider ist das Verfahren, welches die Eingebore-nen zur Gewinnung des Kautschuks anwenden, sehr wenig dazu angetan, den Reichtum an Kautschuklianen zu vermehren. Sie schneiden einfach die Lianen unten an der Wurzel ab, um eine möglichst grosse Menge des wertvollen Milchsaftes zur Umwand-lung in Kautschuk zu gewinnen. Daher wird von der Colonial-verwaltung angestrebt, dass die concessionierten Gesellschaften, überhaupt, wer an der Kautschukgewinnung beteiligt ist, jährlich eine bestimmte Anzahl neuer Pflanzen der gleichen Art anpflan-zen muss. — Denken wir an die mannigfachen Gewächse, die ölreiche Früchte liefern, ferner an Bananen, an die Kolanuss, an

Trachylobium Hornemannium, welche das Kopalharz liefert, und vor allem an die unzähligen Nutzhölzer in den Urwaldriesen, die bisjetzt nur in ganz geringem Masse verwertet werden, wie Diospyrosarten, Pterocarpus erinaceus (rotes Santalholz) u. a. — Wenige Kulturpflanzen werden allerdings von den Eingeborenen im südlichen Teile der Colonie angebaut, während die Bevölkerung der sudanesischen Kulturzone fast alle im Westsudan vorkommenden Kulturgewächse anbaut. Die Cocosnuss gedeiht an der Küste Kakao kann mit gutem Erfolge angepflanzt werden. Kaffee (Coffea excelsa) wächst wild in der Guinea- und sudanesischen Zone, kann aber auch in Plantagen gebaut werden Ueberall begegnet man der Baumwollstaude. Kaffee, Indigo und vielleicht auch Thee würden sich gut für den Anbau in der Colonie eignen. Wir sehen also, dass das französische Congogebiet auch in wirtschaftlicher Beziehung eine gute Zukunft hat.

Wie steht es mit dem Elfenbein? Man kann leider die Zeit voraussehen, wo der Elefant und damit auch das afrikanische Elfenbein verschwinden wird, wenn nicht ernstliche Massnahmen zum Schutze der Tiere getroffen werden. Man hat die Gesamtzahl der afrikanischen Elefanten auf etwa 600 000 veranschlagt. Wenn man bedenkt, dass etwa 60 Elefanten ihr Leben lassen müssen, um eine Tonne Elfenbein zu erzielen, so kann man sich vorstellen, in welch kurzer Zeit der Elefant nur noch eine zoologische Seltenheit sein wird. Aus dem französischen Congogebiet wurden 1903 189 773 kg Elfenbein ausgeführt, sodass jährlich, selbst wenn man annimmt, dass nur etwa ein Drittel davon grünes Elfenbein ist,[1]) und die übrigen zwei Drittel aus den Vorräten der Eingeborenen stammen, etwa 1060 Elefanten getötet werden müssen, um dieses Drittel der Ausfuhr zu decken. Und wofür geben die Eingeborenen das Elfenbein her? — Nur für Gewehre und Pulver! —

Im Norden der Colonie, im Osten und Süden des Tschadsees und in Wadai begegnet man dem Strauss. Wenige befinden sich bisjetzt in Zucht. Der Handel mit Straussenfedern liegt in den Händen der Araber. Im Sudan kosten schöne Federn das kg 50 fr, 1 Feder etwa 1,25 fr. In Paris bringt ein Kilogramm 400—450 fr. oder 1 Feder 10—11 fr. — Von der Bedeutung der Viehzucht ist schon gelegentlich der Behandlung der Fauna gesprochen worden. Wir können also hier darüber hinweggehen.

Ehe wir näher auf die Entwicklung des Handels eingehen, soll hier kurz der üblichsten Zahlungsmittel in der französischen Colonie gedacht werden. Geld ist fast garnicht bekannt.

---

1) Grünes Elfenbein ist das Elfenbein vom frisch erlegten Elefanten im Gegensatz zu dem gelben Elfenbein gefallener Tiere.

Erst im Norden, in Bagirmi ist der Maria-Theresientaler in
Geltung. Sonst wechseln die Zahlungsmittel fast mit jedem
Stamme je nach dem Geschmack und der Vorliebe, eventuell
auch nach den Bedürfnissen der Einwohner. Manche lieben die
Glasperlen, andre schwärmen für Tücher in den schreiendsten
Farben, andre für Messer, Spiegel, wieder andre bevorzugen das
Salz als Geldeinheit. Den grössten Wert erzielen Gewehre,
Pulver und Kugeln und fast in gleichem Masse Spirituosen.

II. Wie hat sich der Handel in der französischen Colonie entwickelt?

Frankreich war in den 60er Jahren nur sehr wenig an dem
Handel seiner Colonie beteiligt. Die Engländer hatten den
Löwenanteil daran. Charakteristisch ist die Handelsstatistik
von 1862:

	Einfuhr:	Ausfuhr:
England:	409 758 fr.	1 234 684 fr.
Frankreich:	193 414 „	330 112 „
Amerika:	32 279 „	58 001 „
Deutschland:	16 100 „	—

Fremde zogen den Gewinn aus der Colonie! Dieses Verhältnis
änderte sich erst allmählich, namentlich seitdem die Regierung
im Jahre 1899 durch Concession an einzelne Gesellschaften diese
mehr für die Sache interessierte.

Einfuhr.

Jahr	Aus Frankreich	Aus französi-schen Colonien	Aus anderen Ländern	Gesamtausfuhr
1892	1 107 016 fr.	18 300 fr.	2 035 629 fr.	3 160 945 fr.
1899	2 436 855 „	19 091 „	4 204 317 „	6 690 263 „
1900	4 916 268 „	15 620 „	6 082 380 „	11 014 268 „
1901	4 046 601 „	16 545 „	3 922 156 „	7 985 301 „
1902	2 753 820 „	8 003 „	2 943 176 „	5 686 999 „
1903	3 349 779 „	13 154 „	3 688 644 „	7 051 587 „
1906	5 629 079 „	89 018 „	3 600 278 „	9 313 375 „

Ausfuhr.

Jahr	Nach Frankreich	Nach französi-schen Colonien	Nach anderen Ländern	Gesamteinfuhr
1892	350 743 fr.	— — fr.	2 147 894 fr.	2 498 637 fr.
1898	1 487 887 „	2 847 „	4 204 570 „	5 695 304 „
1900	2 632 359 „	1 586 „	3 368 490 „	8 002 435 „
1902	2 368 714 „	15 „	6 059 726 „	8 428 455 „
1906	3 933 996 „	66 „	7 885 908 „	11 799 970 „

Einfuhr. Gegenwärtig ist Frankreich mit etwa $^3/_5$ an der Einfuhr beteiligt. Man braucht sich allerdings nicht zu wundern, wenn die Franzosen am Gabun fremde Concurrenten verdrängt haben, da die ersteren keine Ein- und Ausfuhrzölle bezahlen. Im Gebiet des Congo ist das anders. Dort sind die Franzosen ebenso wie Fremde der gleichen Verzollung ihrer Waren unterworfen. Wenn also die Franzosen auch in diesen Gebieten eine günstige Handelsbilanz erzielt haben, so liegt es lediglich an der Güte der Waren.

Kolonien: Fr. Einfuhr (1906). Fremde Einfuhr (1906). Total (1906).

	Fr. Einfuhr (1906)	Fremde Einfuhr (1906)	Total (1906)
Gabun:	2 400 000 fr.	1 500 000 fr.	3 900 000 fr.
Moyen Congo:[1]	2 500 000 „	1 800 000 „	4 300 000 „
Summa:	4 900 000 „	3 300 000 „	8 200 000 „

Fremdländischer Tabak, Waffen und Gewebe überwiegen noch in der fremden Einfuhr gegenüber der französchen. Immerhin betragen die französischen Gewebe 1906 43% aller eingeführten Tuche (1900 nur 23%).

Ausfuhr. Der Anteil Frankreichs an der Gesamtausfuhr betrug 1892 etwa $^1/_7$, 1906 $^1/_3$. Das ist ein wesentlicher Fortschritt. Bis 1898 ging die fremde Ausfuhr – sie betrug $^6/_7$ der Gesamtausfuhr — zu $^2/_3$ nach England. Das hat sich geändert. 1899 betrugen die nach England ausgeführten Waren noch 2 620 000 fr., 1906 nur 920 000 fr. Dagegen hat die Anfuhr nach Belgien zugenommen von 457 311 fr. im Jahre 1899 auf 6 200 000 fr. 1906. — Von 439 619 kg Kautschuk der französischen Colonie, die über Matadi nach Europa ausgeführt wurden, gelangten im Jahre 1905 11 kg nach Frankreich. Ebenfalls kamen von 157 117 kg am Französisch-Congo ausgeführtem Elfenbein nur 538 kg in das Mutterland. — Die Produkte aus Moyen-Congo, Ubangi-Schari-Tschad, gehen grösstenteils nach Belgien. In die Ausfuhr von Gabun teilen sich Frankreich, England und Deutschland. $^{19}/_{20}$ der ganzen Ausfuhr besteht aus Elfenbein, Kautschuk und Hölzern.

Elfenbein. Es wurde in den Jahren 1896—1905 an Elfenbein ausgeführt:

1896	95 060 kg für	1 772 448 fr.
1900	151 731 „ „	2 927 653 „
1905	189 783 „ „	3 741 729 „

Der Elfenbeinconsum Frankreichs betrug in den letzten 5 Jahren insgesamt 717 660 kg. Davon musste die Republik 614 547 kg durch fremde Vermittlung beziehen, da sie nur 102 713 kg aus ihren eignen Colonien erhielt. Das französische Congogebiet könnte allein Frankreichs Bedarf an Elfenbein vollkommen decken. Man vergleiche:

---

1) Zu Moyen-Congo kann Ubangi-Schari-Tschad hinzugerechnet werden.

Frankreichs Consum : Ausfuhr aus »Congo français«

1900	153 491 kg	151 731 kg
1901	148 360 „	124 419 „
1902	128 247 .	170 023 ..
1905	124 557 ,	189 783 .

K a u t s c h u k. Schon lange wird Kautschuk aus dem französischen Congogebiet exportiert : 1854 für 89 ɔ 790 fr. — 1884 führte die Colonie 561 367 kg aus. Von 1896—1905 ist die Kautschukausfuhr um 60°/₀ gestiegen.

1896 :	546 355 kg für	2 016 334 fr.
1899 :	670 172 „	„ 3 015 195 „
1905 :	842 544	„ 3 370 173 .

Auch hier ist es interessant, den Consum der französischen Industrie mit der Einfuhr an Kautschuk aus den Colonien zu vergleichen.

Frankreichs Verbrauch :		Aus den Colonien :
1900 :	5 558 113 kg	779 220 kg
1903 :	5 764 614 „	1 212 160 „
1906 :	6 227 458 „	2 095 494 „

N u t z h ö l z e r : Die Ausfuhr an Nutzhölzern ist nicht so gross, wie man bei dem grossen Holzreichtum der französischen Colonie erwarten sollte. Der Grund ist hauptsächlich in dem teuren Transport zu suchen. Immerhin ist der Ausfuhrwert an Nutzhölzern von 1892 bis 1905 um mehr als das 8fache gestiegen.

1892 :	Für	187 326 fr.
1900 :	„	1 157 000 „
1905 :	„	1 589 304 „

Und zwar wurde 1905 an Nutzhölzern ausgeführt :

Okume (Boswellia Kleineana)	8 895 Tonnen	für	889 518 fr.
Ebenholz (Pierre Diospyros)	1 403,9 „	„	287 496 „
Anderes Tischlerholz	1 910	„	190 980 „
Rotholz (Pterocarpus erinaceus)	1 565,5 „	„	219 560 „
Gelbholz	25,5 ..	„	1 750 „
Summa :	13 799,9 „	„	1 589 304 „

K a f f e e (Coffea excelsa). Die Ausfuhr aus »Französisch-Congo « betrug :

1896 :	4 471 kg für	4 915 fr.
1897 :	30 094 „	„ 33 089 „
1900 :	43 145 „	„ 47 782 „
1905 :	38 421 „	„ 30 395 „

K a k a o (Theobroma Cacao). Grosse Zukunft hat der Kakaobaum. Am Congo findet er günstigen Boden und ein geeignetes Klima. Innerhalb von 7 Jahren hat sich daher die Kakaoausfuhr verzehnfacht. Sie betrug :

1896 :   5 183 kg
1899 : 23 249 „
1906 : 49 854 „

Oelpalme. (Elaeis guineensis Jacq.). Der Fettgehalt der Nüsse dieser Palme befindet sich teilweise unter der Epidermis, grösstenteils aber im Kern seiner Steinfrucht. Dieses Fett ist bei gewöhnlicher Temperatur eine gelbliche, butterartige Masse, in der tropischen Heimat aber das „Palmöl". Es kann zur Seifenfabrikation, zum Einfetten von Maschinen benutzt werden. Die Kerne sind für den Eingeborenen ein wichtiges Nahrungsmittel.

An Palmkernen wurden exportiert:

1896 :   778 254 kg für 207 788 fr.
1900 :   688 090 „   „ 141 224 „
1905 :   620 936 „   „ 142 302 „

Die Palmölausfuhr ergab:

1896 :   165 299 kg für   66 196 fr.
1900 :   112 103 „   „   48 468 „
1905 :   98 052 „   „   44 298 „

Kolanuss. Die Kolanuss (Sterculia acuminata aus der Familie der Büttneriaceen), die Frucht eines hohen Baumes, ist ein Produkt von Ober- und Niederguinea. Sie ist ausgezeichnet durch ihren Coffeïngehalt und ein sehr geschätzter Stimulant, dessen Verbreitung sich von der Atlantischen Küste bis zum Tschadsee erstreckt, wo ihn z. B. Nachtigal kennen lernte. Leider ist die Ausfuhr an Kolanüssen aus dem französischen Congogebiet stetig zurückgegangen, da man dieselben Preise zu erzielen suchte wie für die wertvollere Guinea-Kolanuss, bis sie 1902, 1903/04 gänzlich aussetzte.

Ausfuhr: 1896 :   21 972 kg für 22 191 fr.
         1898 :   10 340 „   „ 19 308 „
         1901 :   4 890 „   „   2 510 „

Raphiabast. Die Bastfasern der Raphia vimfera und andrer Arten spielen zum Verbinden in Gärtnereien eine grosse Rolle. Zur Ausfuhr kamen:

1896 :   1 346 kg für   579 fr.
1897 :   22 967 „   „   15 628 „
1900 : 118 829 „   „   53 687 „
1905 : 137 490 „   „   61 331 „

Kopal oder Kopalharz (Resina Copal). Man unterscheidet rotes und weisses Kopal. Es ist das subfossile Harz mehrerer Baumarten der Gattungen Trachylobiun und Hymenaea (Familie Leguminosae) des tropischen Afrika. Es wird vornehmlich zu Lacken verwandt und wegen seiner Härte geschätzt. Die Ausfuhr des französischen Congogebiets betrug:

	988 kg	2 075 fr. (roter Kopal).
1896:	1 154 „	2 835 „ (weisser „).
1901:	5 543 „	6 224 „ (roter „).
	13 401 „	8 041 „ (weisser „).
1903:	5 961 „	2 980 „ (roter „ ·)
	23 484 „	14 741 „ (weisser „).

Für die Einfuhr kommen hauptsächlich 4 Artikel in Betracht: Gewebe, Gewehre, Pulver und Spirituosen. Glücklicherweise ist in den letzten Jahren eine bedeutende Abnahme in der Einfuhr von Spirituosen zu bemerken, wovon auf deutsche Branntweine in Moyen-Congo 1904, 88 370 l entfielen, während der ganze übrige Bedarf in Moyen-Congo mit 43 161 l von Frankreich gedeckt wird, das in Gabun fast ganz allein die Branntweineinfuhr in Händen hatte (1904 : 216 807 l).

Schluss.

Ziehen wir das Ergebnis aus den vorhergegangenen Betrachtungen, so müssen wir sagen: Das französische Congogebiet ist eine grosse, reiche und aussichtsvolle Colonie, die von wenigen Männern innerhalb einiger Jahrzehnte für Frankreich erworben wurde. Bewundernswert ist namentlich die Kühnheit und Ausdauer eines Mannes, der ihr sein Leben widmete und dabei vor keiner Anstrengung und Gefahr zurückschreckte, des Grafen Pierre Savorgnan de Brazza. — Nur verhältnissmässig kurzer Zeit bedurfte es, ein ungeheures Colonialgebiet zu erringen. Lange Jahre werden aber nötig sein, der französischen Colonie, auch wenn sie mit Naturreichtümern aller Art gesegnet ist, zu einer gesunden Entwicklung und im Gefolge damit zu einer entsprechenden Ausdehnung des Handels zu verhelfen. Es ist die Frage, ob Frankreich dieser grossen Kulturarbeit gewachsen sein wird, vor allem auch, ob es bei seiner geringen Bevölkerungszunahme auch weiter die Kräfte liefern kann, das ungeheure Gebiet in stiller Kulturarbeit zu entwickeln und dem Mutterlande nutzbar zu machen.

Bibliographie.

Barth, Reisen und Entdeckungen in Nord- und Centralafrika in den Jahren 1849—55. Gotha 1857/58.

Bourdarie, Fachoda, la mission Marchand. Paris 1899.

„ Le Congo français (Histoire, Géographie, Colonisation). Paris 1901.

Pierre Savorgnan de Brazza, Conférences et lettres sur trois explorations dans l'Ouest-africain de 1875 à 1886. — Paris 1887.

Bruel, Occupation du bassin du Tchad. — Moulius 1902.

Compiègne, L'Afrique équatoriale. — Paris 1875/76. 2 Bd.

Deville, Le partage de l'Afrique. — Paris 1898.

Dubois und Terrier, Un siècle d'expansion coloniale, Paris 1903.

Du Chaillu, L'Afrique sauvage. Paris 1868.

Foureau, De l'Algérie au Congo par le Tchad. Paris 1904.

Gentil, La chute de l'empire de Rabah, Paris 1902.

Guillemot, Notice sur le »Congo français«, Paris 1900.

Guy, La mise en valeur de notre domaine coloniale, Paris 1900.

Lebon (André), La politique de la France en Afrique 1896/98 La mission Marchand. Paris 1901.

Maistre, A travers l'Afrique central, du Congo au Niger. Paris 1895.

Schweinfurth, Im Herzen Afrikas.

Stanley, Im dunkelsten Afrika. Leipzig (Brockhaus) 2 Bd.

Rouget, L'expansion coloniale au Congo français. Paris 1906.

Voulgre, Quelques mois au Congo français. Biarritz 1897.

., Le Congo français. Paris 1897.

Benutzte Zeitschriften.

Bulletin de la société de Géographie, Paris, bis 1900.

La Géographie (Fortsetzung des vorigen) Paris, von 1900 an.

Questions diplomatiques et coloniales, Paris.

Compte rendu de l'Académie des sciences. Paris.

Tour du monde. Paris.

Bulletin de la géographie commerciale de Paris, Paris.

Nouvelles archives des missions scientifiques et littéraires Paris.

Journal des voyages. Paris.

Mouvement géographique, Brucelles.

Revue coloniale, Paris.

Annuaire de géographie. Paris.

Annuaire de la Société de météorologie. Paris.

Petermanns Mitteilungen.

Deutsches Handelsarchiv.

Journal of Royal Geographical Society London.